감정 존중

직장 내 괴롭힘에 대한 심리학적 단상

직장 내 괴롭힘에 대한 심리학적 단상

감정 존중

초판 1쇄 인쇄 2019년 8월 14일
2쇄 발행 2021년 11월 22일

지은이 노주선
펴낸이 최익성
편집 신현아
교열·교정 오성아, 홍국주
마케팅 임동건, 이유림, 임주성, 김아름
경영지원 이순미, 임정혁

펴낸곳 플랜비디자인
디자인 올컨텐츠그룹

출판등록 제2016-000001호
주소 경기도 화성시 동탄첨단산업1로 27 IX타워
전화 031-8050-0508
팩스 02-2179-8994
이메일 planb.main@gmail.com
ISBN 979-11-89580-13-1 03180

※ 이 도서의 국립중앙도서관 출판예정도서목록(CIP)은 서지정보유통지원시스템 홈페이지(http://seoji.nl.go.kr)와 국가
   자료종합목록 구축시스템(http://kolis-net.nl.go.kr)에서 이용하실 수 있습니다. (CIP제어번호 : CIP2019031130)

감정 존중

직장 내 괴롭힘에 대한 심리학적 단상 ☽

노주선 지음

PlanB DESIGN 플랜비디자인

Contents

PART 01 감정은 왜 존중받아야 하는가?

저자 노주선은 임상심리학 박사/임상심리전문가로서, 삼성의료
원 및 한림대병원 정신과와 고려대학교 학생생활 연구소 등에서
심리전문가로 활동하였다. 이후 기업에서 심리평가와 심리상담/
치료를 기반으로 채용 분야 및 리더십 분야에서 평가 및 코칭/교
육 전문가로 활동하였다. 특히 과천정부종합청사에서 공무원상담
센터(EAP)를 처음으로 개설하여 서울, 대전, 세종 등 전 청사로 확
대/운영하였으며, 삼성 그룹 대상으로 마음건강프로젝트(스트레스
진단 도구 및 치료 프로그램 개발)를 수행하였다. 현재도 넥슨 그룹 직
원들을 위한 상담 프로그램인 '내 마음 읽기'와 리더들을 대상으
로 한 상시적 코칭 프로그램을 함께 운영하고 있으며, 그 외에도
많은 기업들을 대상으로 정신건강 및 행복한 직장생활을 위한 직
원들의 감성관리와 감성리더십 교육을 수행해 오고 있다.

이 책을 쓰게 된 직접적인 계기는 "직장 내 괴롭힘 금지법" 때문
이다. 이 법의 내용들은 어찌보면 너무도 당연한 얘기이고, 반드
시 필요한 내용이지만 다양한 논쟁과 이슈가 발생하고 있다. 이를
보며 우리는 아직 정신적 및 심리적 영역에 대해서는 좀 더 성장
과 성숙이 필요하다는 생각을 하게 된다.

　심리학 개념 중에 "Psychological Mindedness"라는 개념이 있
다. 이를 직역하면 '심리적 마음'이겠으나 실제적인 의미는 좀 더
포괄적이다. '(비록 눈으로 직접적으로 볼 수는 없지만) 심리적인 이슈
나 문제들에 대하여 관심을 가지고 다루는 능력' 정도의 의미로
보는 것이 더 적절하다.

　즉, 심리적 및 정신적 이슈들에 대해서 얼마나 인지할 수 있으
며, 이와 관련된 제반 이슈들을 다루는 능력을 말한다. 이 안에는
나의 마음 상태를 인지하는 능력과 이를 다루고 관리하는 능력을

포함한다. 또한 나 뿐 아니라 타인의 마음 상태에 대해 정확하게 공감하는 능력은 물론 타인의 마음에 미치는 긍정적 및 부정적인 영향을 인식하는 것까지를 포괄하는 개념이다.

만약 직장 내에서 물리적 및 신체적 폭력이 일어난다면 어떻게 하겠는가? 혹은 내 마음에 들지 않는다고 해서 부하직원에게 주먹을 쓰거나 도구(책이나 컵 등)를 던져도 된다고 생각하는가? 당연히 그런 행동은 안된다고 생각할 것이다. 그런데 업무 상 문제로 폭언을 하거나 지속적으로 심리적 괴롭힘을 가하는 등 '적정범위'를 넘어서는 행동들에 대해서는 왜 "폭력"이라고 생각하지 않을까?

심리적 및 정서적인 폭력도 당연히 "폭력"이다. 왜냐하면 신체적 공격으로 인하여 신체에 큰 손상이 생기고 피가 나듯이, 감정에 대한 공격은 마음에 깊은 상처를 남기고, '우울증'이나 '공황장애' 등과 같은 심각한 후유증을 남기기 때문이다. 이런 정신적 폭력과 심리적 손상이 눈에 보이지 않는다고 해서 무시되거나 소홀하게 대해져서는 안된다. 절대로 안된다. 신체적 폭력이 심각하게 부정적인 행동으로 다루어지는 것처럼 심리적 폭력도 당연히 금지되는 것이 마땅하다.

직장 내에서 신체적인 위해를 가하지 말아야 한다는 법이 생긴다면 어떻게 할 것인가? 직장 내에서 성적인 수치심을 가하거나 상대가 원하지 않고 동의하지 않는 성적인 행동을 하지 말라는 규칙이 생긴다면 어떻게 할 것인가? 당연히 이런 법들이 필요하다고 생각할 것이며, 절대 반대하지 않을 것이다. 마찬가지로 '적정범위'를 넘어서는 방법을 통해 '적정수준' 이상으로 상대방에게 심리적 고통을 가하는 행동들도 금지되어야 한다.

예전에는 학교에서 신체적인 체벌이 당연시되던 시절이 있었다. '하루라도 매를 맞지 않으면 엉덩이에 가시가 돋친다'라는 우스개 소리가 나올 정도였다. 회사에서도 소위 "쪼인트(상대방의 정강이를 발로 차면서 고통을 주는 행동으로써, 전형적으로 혼낼 때 하는 괴롭힘의 일종)"라고 하는 행동들이 묵인되던 시절이 있었다. 이와 같은 행동들이 과연 적절한 행동이었을까?

지금도 어디에선가는 지속되고 있을 것이다. 하지만, 이제는 그런 행동이 드러나면 문제행동이라고 지탄과 비난을 받는다. 잘못된 것은 잘못된 것이다. 그리고 어떤 이유에서건 간에 타인에게 심각한 "신체적 및 정신적 고통"을 주는 것은 문제이다.

지금 보기에 너무도 문제인 이런 행동들이 "문제행동"이라고 인식이 변화하는데 몇 십년이 걸렸다. 하지만, 이제는 우리의 상식이 좀 더 건강하고 성숙한 수준으로 한 단계 더 높은 수준으로 성장해야 할 때이다. 눈에 보이는 신체적인 고통 뿐 아니라 눈에 보이지 않는 '정신적인 고통'에 대해서도 인정하고 수용해야 한다. 타인을 정신적으로 고통스럽게 하는 것도 문제라는 인식과 더불어 보다 건강한 방법으로 업무하고 교류하는 것이 필요하다. 이에 더하여 서로가 행복하고 즐거운 직장생활을 하기 위한 공동의 노력이 필요할 때이다. '직장 내 괴롭힘 금지법'은 단순한 법이 아니라 우리 모두의 정신건강도 지키고 모두의 행복도 만들어가는데 있어서 중요한 역할을 할 것이다.

감정으로 인해
고통받는 사람들을 위하여

1. 한 내담자의 이야기

한 내담자를 만났다. 그녀는 매우 심각한 우울증을 겪고 있었으며, 매일 계속되는 자살 충동을 견디어 내면서 버티고 있었다. 그녀와의 상담이 끝나면 상담가인 나조차도 우울해지고 지치는 느낌이었다.

그런데 이상한 점이 있었다. 그녀는 울지 않았다. 그녀가 하는 말은 너무도 힘들고 고통스러운 내용이지만, 그녀는 웃으면서 마치 즐거운 얘기를 하듯이 이야기를 한다. 고통스러운 말의 내용과 초월한듯이 웃으면서 그 내용들을 전하는 그녀의 모습에서 더 깊은 아픔과 인내가 느껴졌다.

어느 날, 그녀는 말하였다. '선생님, 저 이제부터는 진짜로 말할 수 있을 것 같아요!!'라고 하면서 자살로 먼저 떠나간 언니 얘기를 하기 시작하였다. 그리고 엄마와 아빠의 부부 싸움 끝에 엄마를 때리던 아빠 이야기와 그럴 때면 어쩔 수 없이 두 자매가 숨죽여 방에서 같이 부둥켜 안고 우는 것 외에는 아무것도 할수 없었던 무기력했던 때의 이야기를 시작하였다. 그 얘기를 시작하면서 그녀는 제대로 울기 시작하였다.

상담이 1년이 넘게 이어져 오던 어느 날, 그녀는 말했다. '선생님 저 이제 불행은 다 갔어요! 저도 이제 행복하게 살아볼래요!'라고 말하며, 다시 눈물을 흘렸다. 그녀를 보면서 상담가인 내 마음 속에서도 하염없이 눈물이 났다. 왜냐하면 그동안의 그녀 인생과 그것을 견디어냈던 과정, 그리고 그것을 이겨내는 과정이 한꺼번에 떠올랐기 때문이다.

그렇게 그녀도 울고, 나도 울었다. 그리고 그녀는 40년만에 다시 진짜 웃음을 찾았다.

2. 보이지 않는 마음과 마음의 고통들

감정이라는 것은 심리적인 상태의 지표이다. 사람은 매순간 순간 감정을 느끼고 그 감정에 의해서 행복도, 그리고 불행도 결정된다.

그런데 문제는 이 감정이라는 것이 눈에 보이지 않는다는 점이다. 그렇다보니 마음이 존재하고 중요하다는 것을 뻔히 알고있지만 잘 인지하지도 못하고 느끼지도 못하는 경우가 많다. 나의 마음도 제대로 모르는데, 타인의 마음에 대한 배려나 관심은 오죽할까?!

우리는 내 마음 속에 깊은 상처가 나서 고통스러운 상태에서도 깨닫지 못하기도 한다. 내 마음이 고통스러워서 여러가지 사인을 보내고 스스로 치유하고 달래주기를 간절히 바라는데도 그것을 알아차리지 못하기도 한다. 그래서 내 마음을 더 병들게 하기도 한다.

그리고 의도하지 않았지만 타인의 감정에 상처를 주고 다치게 하는 경우도 많다. 나도 모르는 사이에 나의 가장 소중한 자녀의 가슴에 큰 상처를 남기고 성과라는 명분 하에 부하직원의 자존심을 짓밟는다. 고객은 왕이라는 명분 하에 다른 이의 소중한 자녀이기도 한 판매직원을 비난하고 나와 생각이나 성격이 다를 뿐인데 이를 틀렸다고 비난하며 공격한다.

이 모든 행동들은 자신과 타인의 감정에 손상을 입힌다. 신체적으로 치면 암과 같은 치명적 손상을 주기도 하고 어떤 경우에는 아예 회복 불가한 마음의 장애를 주기도 한다. 이렇듯 우리는 마음의 상처를 입기도 하고 남에게 상처를 주기도 한다.

하지만, 우리는 모른다. 내가 타인의 마음에 상처를 주었다는 것을, 상처를 심하게 줄 수도 있다는 것을. 그리고 그로 인해 상대방이 너무 힘들어하고 고통스러울 수도 있다는 것을. 또한 본인도 모른다. 내가 상처를 입었다는 것을, 내 상처가 매우 크다는 것을. 그리고 그 상처로 인해서 내가 힘들고 고통스럽다는 것을.

때로는 안다. 분명히 안다! 타인의 고통과 상처를!! 하지만, 자신 만의 명분과 논리로 이를 정당화하기도 한다. '너는 내 자녀이니까!', '너는 내 부하이니까!', '나는 고객이니까!' 등과 같이 자신의 지위나 역할을 핑계삼아 타인에게 상처를 주고도 당당하다. 혹은 '너 잘되라고 하는 말이야!', '너의 미래를 위해서 조언하는거야!', '결국에는 내 말이 맞다는 것을 알게 될거야!' 등과 같은 자기중심적이고 이기적 관점에서의 명분으로 이를 정당화한다.

3. 주먹을 쓰는 폭력만이 폭력인 것은 아니다.

자기 회사의 직원이나 집안일을 도와주는 분들의 뺨을 함부로 때리거나, 자신이 관리하는 선수들을 폭행하거나, 맘에 들지 않는다고 여행 가이드의 얼굴을 때리는 행동 등은 폭력이고 잘못된 행동이다. 그리고 사람들도 그런 행동에 대해서는 명백하게 비난을 쏟아 붓는다.

하지만 이런 행동들만 폭력인 것은 아니다. 자녀의 요구나 희망을 무시한 채 부모의 기준에 따라서 모든 것을 판단하고 따르기를 강요하는 것도 폭력이다. 그 과정에서 아이들은 자신의 생각이나 요구가 무시되고, 하기 싫은 것을 억지로 하게 되며, 이를 강요당하면서 마음 속에 깊은 상처가 생기기 마련이다.

또한 상사가 부하직원에게 자존심을 짓밟는 수준의 심한 비난을 하는 것도 폭력이다. 부하직원의 자기 존중감에 심한 상처를 내고, 부정적 감정에 휩싸이게 만들었기 때문이다. 의도적으로 학교 친구나 직장 동료를 따돌리거나 심리적으로 괴롭히는 것도 명백한 폭력이다. 혹은 피부색이 다르거나 종교가 다르다고 해서 무조건적인 비난을 하는 것도 폭력이다.

즉 외적으로 드러나는 폭력만 문제인 것이 아니라 심리적인 차원에서의 상처와 아픔을 주는 것도 분명한 폭력이다. 폭력으로 다친 몸의 상처가 심하면 평생 흉터로 남듯이, 심리적인 상처도 평생을 가는 경우가 많다. 어린 시절 폭력적인 부모에게 맞으면서 성장한 자녀는 성인이 되어서도 그 아픔을 안고 산다. 상사의 폭언에 시달린 부하직원은 꺾이고 무너진 자기존중감을 회복하지 못해 직장을 그만두거나 극단적인 선택을 하기도 한다.

　몸의 상처는 눈으로 볼 수 있다. 그러나 마음의 상처는 눈에 보이지 않는다. 눈에 보이지 않는다고 해서 상처가 나지 않은 것은 아니다. 분명히 고통과 상처가 있지만 눈에 보이지 않기 때문에 치유와 해결이 필요하다는 생각을 잘 하지 못할 뿐이다. 마음에 생긴 상처는 언젠가 나의 감정과 대인 관계에 부정적이고 나쁜 영향을 미친다.

4. 이 책을 쓰는 이유

이 책을 쓰게 된 계기는 '직장 내 괴롭힘 금지법'과 '감정 노동자 보호법' 등 정신적 폭력과 관련된 일련의 법적 조치들이다. 우리는 이미 심리적인 폭력과 그로 인한 감정적 손상에 너무 많이 노출되어 왔다. 하지만, 감정의 중요성과 감정을 존중해야 하는 필요에 대한 인식이나 실제적인 노력들은 여전히 부족한 것 같다.

가끔 언론을 통해 놀라운 기사들을 접할 때가 있다. 체육계 및 유명 CEO나 재벌가에서의 폭력 기사가 연이어 터지면서, 핫이슈가 되기도 한다. 이런 기사들을 보면서 많은 사람들은 함께 분노하고, 피해자들에 대해 깊은 공감과 위로를 보낸다.

하지만, 이런 기사들이 나올 때에만 크게 분노하고 피해자를 위로할 뿐 이슈가 잠잠해지면 쉽게 잊기도 하는 것이 현실이다. 기사화되거나 공론화되지 않은 채 일상 생활 곳곳에 숨겨져 있는 심리적 및 감정적 폭력 사례나 상황을 고려한다면 보다 심각하고 진지한 접근이 필요하다.

우리 모두는 이와 같은 폭력의 피해자이면서도 가해자이다. 또한 폭력이 이루어지는 상황에서 아무것도 하지 않음으로써 방관자 역할을 하게 될 수도 있다. 이와 같은 폭력의 후유증은 너무나도 심각해서 피해자, 가해자, 방관자 더 나아가 사회에게도 영향이 갈 수 밖에 없다.

개인적 수준 뿐만 아니라 사회적 차원에서도 누군가에게 가해지는 폭력이나 폭언, 그리고 그를 통해서 서로의 마음에 깊은 상처를 남기는 일들은 관리되어야만 한다. 우리 모두의 책임이라고 생각하며 구성원 모두의 진지하고 책임있는 행동이 필요하다.

　이것이 바로 책을 쓰기 시작한 이유이다. 내 가족과 주변 사람들의 감정이 소중히 다루어지고 존중받는 사회가 되길 바란다. 또한 나의 내담자들이 더 이상 고통받지 않고 진정한 웃음을 되찾을 수 있길 바란다.

　임상심리학자로서 지금껏 쌓아온 경험과 지식이 우리의 사회가 지금보다 더 건강한 사회로 발전하는데 작게나마 도움되길 바란다.

누구의 감정이라도 소중한 것이며 존중받아야 한다.

그것은 어느 누구도 신체적 학대를 받지 않아야 하는 것과 마찬가지이다.

눈에 보이지 않는 마음의 문제라고 해서

절대 소홀히 여겨져서는 안된다.

감정은 왜
존중받아야 하는가?

한 리더와 부하직원 간의 대화

상사   "김과장, 자네는 도대체 양심이 있어요? 어쩜 그런 잘못을 저지르고도 그렇게 당당할 수 있어요?"

직원   "아닙니다. 저 당당하지 않습니다. 정말 잘못했습니다. 죄송해요."

상사   "정말 잘못했다고 생각하는 사람이 그런 식으로 행동을 하나? 그 정도 되면 김과장 당신이 알아서 사표쓰고 나가야 되는거 아니야?"

직원   "그래도 저 사정이 있어서 회사 나가면 안되요ㅠ 죄송해요. 사표만은 안됩니다."

상사   "봐봐, 그게 바로 너가 양심이 없다는 증거야!! 그런 짓거리를 해 놓고도 얼굴 바싹 들고 출근하는게 당당한거지, 더 당당할 수가 있나요?"

직원   "아닙니다. 정말 저 당당하지도 않고 정말 잘못했다고 생각합니다ㅠ"

상사   "됐어요, 그만합시다! 말귀를 못 알아처먹는 사람과는 더이상 얘기도 하기 싫고! 나 같으면 벌써 사표를 써도 수십번을 썼겠다. 나는 정말 김과장이 이렇게 비양심적이고 기본이 틀려먹은 사람인지 몰랐네요. 정말 꼴도 보기 싫으니까 나가~ 빨랑 나가~ 내 눈앞에서 꺼지라고~!!!!"

한 리더와 부하직원 간의 대화이다. 상담을 하다 보면 이와 같은 사례를 쉽게 접하게 된다. 그만큼 우리의 일상적 상황에서 흔히 일어나는 일이다.

두 사람의 대화를 보면서 어떤 생각이 드는가? 만약 부하직원이 정말로 큰 잘못을 했다고 치자. 그렇다고 하더라도 리더가 저렇게 말해도 되는가? 만약 부하직원과 상사의 입장이 바뀌어서 부하직원이 상사에게 저렇게 말 한다면, 상사는 참고 사과하고 빌 수 있을까?

그런데 저 리더는 어디서 저런 말을 배웠을까? 어디서 저런 식으로 말하는 뽐새를 배워서 저리도 사람을 조목조목, 구석구석 몰아붙이면서 부하직원을 몰아칠까? 분명히 사람 괴롭히는 학원에 다닌 것도 아닐텐데… 아마도 저런 일을 예전에 당했던 것이 아닐까 조심스럽게 추측해 본다.

저 부하직원의 심정은 어떨까? 잘못했다고 사정을 하고, 죄송하다고 여러 번 말하는데도 화가 나서 책상을 쳐가면서 부하직원에게 호통을 치는 상사 앞에서 한번 대들지도 못하고 끝까지 참아야 하는 직원의 퇴근길은 어땠을까? 아마도 분명히 자존심에 큰 상처를 받았을 것이다. 이로 인해 한편으로는 우울하지만 화도 치밀어오를 것이며, 동시에 자신을 몰아세웠던 상사에 대한 화가 나지만 적대감도 생겼을 것이다.

　당신은 어떤 사람에게 더 공감이 가는가? 화가 난 리더에게, 아니면 잘못했다고 사정하는 부하직원에게? 과연 누구의 입장이 더 이해가 되고 누구의 마음이 더 공감되는가? 그리고 막상 공감을 해보니 그 마음이 어떠할 것 같은가? 아무런 느낌이 없거나 리더의 의도대로 진지하게 반성할 것 같은가, 아니면 너무 화나고 열받는가? 혹시 반성은 커녕 정말 억울하고 분해서, 상대를 죽여버리고 싶은 마음이 들 정도로 분노하게 되지는 않는가?

　과연 사람들 사이의 관계에서 위에서의 예시와 같은 극단적이고 자극적인 발언을 해도 되는 자격을 부여받은 사람이 있는가? 타인에게 비굴하고 억울한 느낌, 그리고 그에 따른 심한 분노감을 주어도 되는 권한을 가진 사람이 있는가? 조직에서 이런 감정적 상처를 줘도 된다고까지 허용한 것인가? 그리고 직장 내에서 이와 같은 극히 부정적인 감정 교류가 발생해도 되는가? 만약 이런 일이 발생한다면 어떻게 해야겠는가?

감정이 소중한 이유

상담가   '언제부터 우울했나요?'

내담자   '저는 제가 기억하는 한 항상 우울했어요… 물론 회사
에 들어와서 심해지기는 했지만, 이번 일이 발생한 후
부터 정신과를 다니고 약을 먹기 시작했어요. 하지만
아주 어렸을 때부터 우울했던 것 같고, 한번도 행복했
던 기억이 없어요 ㅠㅠ'

감정은 마음의 기본권이다. 감정은 마음의 상태를 나타내는 가장 중요하고 핵심적인 지표이다. 감정을 통해서 사람들은 자신의 마음을 표현하고 전달한다. 그리고 이런 감정은 그 어느 누구라도 존중받고 소중히 다루어져야 한다. 기본적인 신체적 안전이 보장되고 심각한 위험 요소들은 없어야 하듯이, 감정적 안전도 보장되어야 하며, 심리적 안정과 안전을 위협하는 일들이 있어서는 안 된다.

만약 마음이 건강하고 좋은 상태라고 하면, 좋은 감정을 경험하게 된다. 반대로 마음이 힘들고 지쳐있다고 하면, 부정적인 감정을 경험하게 된다. 즉, 신체적인 건강 상태를 최적으로 유지하고 효과적으로 관리해야 하듯이, 우리의 감정도 최적으로 유지하고 관리하는 것이 필요하다.

하지만 감정이란 눈에 보이지 않기 때문에 신체적 건강만큼 중요하게 생각하거나 관리하지 않는 편이다. 눈에 보이지 않기에 상태를 파악하기도 쉽지 않고, 상처가 나더라도 알지 못하는 경우가 많다.

초등학교 2학년 정도 되는 당신의 자녀가 놀이터에 갔다 왔다고 가정해보자. 만약 팔에 큰 상처가 나 피를 흘리면서 들어왔다면 부모로써 당신은 어떻게 하겠는가? 아마도 핏자국과 상처에

깜짝 놀라서 온갖 호들갑을 떨면서 약을 바르고 가능한 한 빨리 병원에 가서 치료를 할 것인다.

하지만 자녀의 마음에 가장 상처를 주는 것이 부모일 수도 있다는 생각을 해본 적이 있는가? 아이를 성공시키겠다는 명분으로 아이에게 과도하게 공부를 시키거나, 이웃집 아이와 비교하며 자존감을 다치게 하기도 한다. 혹은 부모가 시키는 것을 제대로 하지 않았다고 큰소리로 호통을 치거나 매를 들기도 하며, 때로는 '내가 너 때문에 정말 못살아 ㅠㅠㅠ'라고 소리지르며, 자신의 스트레스나 힘든 마음을 덤탱이 씌우기도 한다.

그 아이의 마음 상태, 즉 감정은 어떠하겠는가? 아마도 자신에게 있어서의 절대자인 부모의 말에 심한 심리적 부담감을 느낄 것이며, 부모의 기대를 만족시키지 못한 자신에 대한 죄책감과 자기존중감이 떨어지는 경험을 할 것이다. 부모의 감정적 호통과 비난으로 인하여, 부모가 경험하는 화나 분노에 비해 몇 십배는 더 큰 공포와 불안감을 느낄 것이다.

이런 예는 직장 내에서도 동일하게 적용된다. 비록 업무 상 주어진 역할이기는 하나 상사는 나의 행동을 관찰하고 관리하는 위치에 있는 사람이다. 게다가 나의 업무 영역을 결정하고 성과를 평가한다. 이와 같은 위치에 있는 사람의 말이나 행동은 본인이 의도하지 않아도 부하직원에게 심리적인 부담과 불편감을 제공할 가능성이 높다.

그런데, 단지 이와 같은 지위에 있고 역할을 담당한다고 해서 마음대로 감정적으로 행동해도 되는가? 그것은 좀 다른 문제이다. 앞의 사례에서 나온 부하직원의 심정은 어떠하겠는가? 단지 회사의 상사라는 이유로 화가 나서 고래고래 소리지르는 모습을 참고 견디어야만 하겠는가, 아니면 리더의 행동 자체가 잘못된 것인가? 가족도 아니고, 부모 자식 간도 아닌데, 과연 저런 감정적 분노 표출과 부하직원을 막대하는 행동이 정당화될 수 있는가?

절대 그렇지 않다. 감정은 소중하게 다루어져야 한다. 자녀이건, 부하직원이건, 그리고 동료이건, 그 어느 누구의 감정이라도 소중하게 다루어지고 존중받아야 한다.

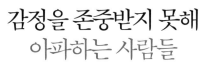

감정을 존중받지 못해
아파하는 사람들

아침에 출근할 때부터 가슴이 두근거려요. 오늘도 팀장님을 만날 생각을 하면, 어쩔 줄을 모르겠어요. 오늘은 또 어떤 일로 다그칠까, 오늘도 실수하면 안되는데, 오늘 하루를 어떻게 버티지 하는 생각에 답답해져요. 정말 도망가고 싶은 생각 뿐이에요

우리는 심리가 눈에 잘 보이지 않기 때문에 문제점을 인지하지 못한 채 (정신적 차원의) 폭력적 행동을 하거나, 마음에 상처를 받아도 상처가 있는지 잘 알지 못한다. 이것은 심각한 문제이고, 나중에 더 큰 마음의 병과 장애를 가져오는 원인이 된다.

생각보다 감정의 존재를 인식하고 이를 소중하게 다루는 것은 쉽지 않다. 특히 자신의 감정은 그나마 알고 있다해도 타인의 감정을 인지하고 존중하고 관리하는 것은 더욱 어렵다. 그래서 우리는 나도 모르게 타인의 감정에 손상을 주고 크게 다치게 한다.

이 때문에 감정을 존중받지 못하고 상처받는 이들이 많다. 우리는 주변에서 이런 사람들을 아주 쉽게 찾아볼 수 있다. 부모의 욕심에 희생당하고 자신이 좋아하는 일을 하지 못하는 자녀의 경우도 그렇고 나름대로 최선을 다하여 열심히 하려고 하나 여러가지 이유로 충분히 좋은 결과를 내지 못하여 상사로부터 질책받는 직장인도 마찬가지이다. 그리고 '을'이라는 이유로 '갑'의 과도한 분노를 일방적으로 감당해야 했던 사람들은 더 말할 것도 없다.

이들은 모두 마음의 깊은 상처를 품고 산다. 상사의 질책과 비난으로 인해 마음에 깊은 상처를 입은 직장인은 단순히 부정적 감정을 느끼는데 그치지 않는다. 극심한 부정적 감정과 더불어 자신있고 당당한 모습 마저도 잃어버리게 된다. 어떻게 하면 더 좋은 결과를 만들어 낼까에 대해서 고민하기 보다는 비난받거나 문제가 발생하지 않도록 하는데 급급하게 된다.

고객의 심한 화를 부당하다고 생각하면서도 무조건 참기만 해야 했던 매장 직원은 마음 속 깊은 곳에 분노를 품게 된다. 이런 상황들이 반복되면 분노는 계속해서 축적되고, 축적된 분노는 엉뚱한 곳에서 문제를 일으킨다. 분노의 방향이 스스로에게 향하면 깊은 우울감이 오고, 주변 사람들을 향하면 자주 짜증을 내거나 별일 아닌 일에 심하게 화를 내는 부적절한 행동을 하게 된다.

특히 막말을 하는 리더에게는, 더 심하게 대하고 막말을 했던 상사가 있는 경우가 종종 있다는 것을 아는가? 또한 CS장면에서 심한 진상을 부리는 사람들 중에 CS직종에 종사하는 사람들이 꽤 있다는 것을 아는가? 그들은 자신들이 당해서 고통스러웠던 행동을 자신도 모르게 따라하고 있는 것이다. 즉, 이전 상사의 폭언이나 고객들의 갑질 행동을 자신도 모르는 사이 관찰하고 학습하여 내재화된 것이며, 내가 그 위치에 서게 되었을 때 역으로 가해자 역할을 하게 되는 것이다.

이렇듯 손상된 감정은 어떤 방식으로든 문제를 일으킨다. 특히 이런 내적 감정손상이 반복되고 축적된다면 더욱 큰 문제를 일으킨다. 그래서 적극적인 관리와 해결이 필요하다. 그렇지 않으면,

어떤 방식으로든, 나와 내 주변에 부정적인 영향을 끼칠 수 밖에 없다.

더욱 슬픈 것은 스스로의 감정을 존중하지 못하는 경우도 많다는 점이다. 타인으로부터 감정의 존중을 받지 못한다면, 심리적 상처를 입는 것은 너무도 당연하다. 하지만 때로는 스스로의 감정을 존중하지 못하고, 심한 경우에는 스스로를 학대하는 경우도 있다. 이런 경우 그 원인을 탐색해 보면, 성장배경이나 직장 내 대인관계 등 환경과의 상호작용 속에서 감정을 적절히 존중받지 못하고 상처가 축적되었기 때문인 경우가 많다. 즉 습관적으로 반복적으로 상처가 축적되면 내 마음을 스스로 존중하지 못하게 되고, 결국 더 깊은 마음의 고통을 스스로 만들게 된다.

감정은 존중되어야 하고 소중하게 대우받고 관리되어야만 한다. 눈에 보이지 않으나 감정의 중요성을 분명히 인지하고 있어야 하고 건강한 상태로 관리하기 위한 노력이 꾸준히 이루어져야 한다. 동시에 감정이 상처받지 않도록 주의해야 하고 혹시라도 감정이 다치는 일이 발생하면 신속하게 치유해야 한다.

어디에서나
감정은 존중되어야 한다

내담자 "박사님, 자녀가 제 말을 잘 따르지 않을 때에는 어떻게 해야 하나요? 그래도 좋게 말해야 하나요?"

상담가 "당연히 좋게 말해야죠!"

내담자 "그래도 말을 듣지 않으면 어떻게 해야 하나요?"

상담가 "가장 좋은 방법은 자녀가 이해하고 공감할 수 있도록 잘 설명해주는 것입니다."

내담자 "저도 하루 종일 힘들게 일하고 집에 들어갔는데, 숙제니 뭐니 하나도 안해 놓은 것을 보면 너무 화가 납니다. 그래도 참아야 하나요?"

상담가 "그렇다고 화를 내면, 어떻게 될 것 같으세요? 아이가 숙제를 시작하고 엄마의 말을 듣게 되나요? 아니면 아이도 화가 나게 되나요?"

내담자 "그럼 저는 대체 어디서 스트레스를 풀죠?"

'부모-자녀 대화법'이라는 주제의 워크샵 후 한 어머니와의 대화 중

어디에서나 감정은 존중되어야 한다. 감정이 무시당하거나 다치도록 허락된 상황이나 장소는 없다. 하지만 그렇지 않은 경우가 많다. 직장에서, 가정에서, 그리고 사람들 사이의 관계 속에서 감정은 손쉽게 상처 입는다.

감정 비-존중과 손상이 가장 많이 발생하는 곳은 아이러니하게도 가족 내에서의 관계이다. 왜냐하면 가족이란 정서적인 공동체이기 때문이다. 가족 구성원들은 서로 간에 정서적으로 복잡하게 얽혀있는 사이이기 때문에, 감정적인 갈등이나 대립도 많이 발생한다.

서로 애정하고 사랑하는 마음으로 백년가약을 맺으며 모두의 축복을 받으며 결혼을 한다. 그리고 서로 아끼고 사랑하겠노라 많은 사람들 앞에서 다짐을 한다. 그런데 막상 이십년 이상을 다른 문화적 배경에서 살아온 두 사람은 서로의 "다름"을 가질 수 밖에 없다.

그런데 이런 "다름"은 "틀림"으로 변질되어 서로를 비난하는 근거로 작용한다. 모든 가족들은 그 나름대로의 식사문화나 관계패턴, 그리고 집안 대소사에 대처하는 방식 등이 다 다르다. 이것은 절대로 '정답'이 있지 않고, 각자의 상황에 따라 형성되어 온 하나의 문화이다. 그런데 이것이 '아, 너희 집안은 이렇구나!'가 아니라 '너네 집안은 대체 왜그러는거야? 아니 그렇게 무례하고 예의가 없을 수 있는거야?'가 되는 순간 서로의 감정 전쟁은 시작된다.

게다가 자녀에 대해서는 더욱 가혹하고 잔인한 감정 공격이 당연시 된다. "내" 자녀이므로, "내" 마음대로 해도 된다고 생각한다. 거기에 "내" 자녀가 잘되라고, "내" 방식대로 혼내거나 매를 든다. 그러나 이것은 감정 차원에서 보면 아주 잘못된 행동이다. 그 때 자녀의 '감정'은 어떻겠는가? 분명하게 자녀의 감정을 "존중"하는 것인가, 아니면 부모의 양육이라는 명분으로 "비-존중"하는 것인가?

이렇게 "비-존중"받은 감정들은 다치는 것이 분명하며, 문제를 일으킬 수 밖에 없다. 자녀의 감정은 심각하게 '부정적 상태'가 되며, 부모로부터의 반복되는 비난과 질책은 건강한 '자기-존중감'을 형성하지 못하게 된다. 또한 부모에 대해 '사랑과 존경'의 감정 보다는 '분노와 적개심'이라는 부정적 감정을 가지게 된다. 게다가 더 문제는, 자녀가 부모로부터 '자기 스스로를 사랑하고 아끼는 마음'을 배우지 못하게 된다는 것이다. 결국 '자신을 소중하게 생각하거나 보호하는 능력의 결핍'은 이후 쉽게 자기비난이나 자책감을 가지게 하며 우울증의 원인이 되기도 한다.

감정은 어디에서나 존중받아야 한다. 가장 정서적인 집합체인 가정에서부터 감정은 충분히 존중되어야 하며, 비-존중을 최소화해야 한다. "내" 자녀라고 해서, 그리고 양육이라는 명분이 있다고 해서 "감정 존중"에 대한 책임과 의무가 면해지는 것은 아니다. 정서적인 집합체인 가족 내에서도 지켜져야하는 "감정 존중"은 업무 적 상황과 같은 직장 등에서는 더더욱 함부로 다루어져서는 안되는 것이다.

누구에게나
감정은 존중되어야 한다

"박사님, 제가 잘못한 거 맞습니다! 인정합니다!"

"그런데 저는 정말 제 부하직원들이 좀 정신차릴 필요가 있다고 생각해서 그랬습니다. 워낙 자기 일에 대해서도 좀 소홀히 하고, 계속해서 문제를 일으키기니까, 더 이상은 이대로 두면 안되겠다고 생각해서 큰 소리 좀 제대로 친 거 맞습니다!"

"솔직히 다른 직원들도 각성 좀 하라고 일부러 큰 소리를 좀 냈습니다. 밖에서도 좀 듣고 긴장하라고! 그러다 보니 감정이 좀 격해져서 해서는 안될 표현이 좀 섞이기도 했지만, 정말 제 의도 자체는 좋은 마음이었습니다"

잦은 폭언으로 문제가 되어 상담을 받으러 왔던 모리더와의 상담

단지 가정에서만 감정 비-존중이 발생하는 것은 아니다. 오히려 상하관계나 갑을관계로 엮여져 있는 직장에서는 더욱 극심한 감정 비-존중을 넘어서는 감정 공격과 손상이 발생한다. 그리고 그로 인한 깊은 마음의 상처가 생기며, 심한 마음의 병이 찾아온다.

상하관계나 갑을관계 등에서는 서로의 역할이 어느 정도 규정되어 있는데, 그 관계가 한쪽에 우월적 지위를 부여하고 있다는 점에서 문제가 발생한다. 그런데 실제적인 내용은 업무 상 역할만 규정되어 있는 것이며 업무적 차원의 의사결정 수준이나 업무 수행 범위 등에서 차이가 있을 뿐이다.

그 안에는 타인의 감정을 무시하거나 짓밟아도 된다는 권리나 허락이 함께 주어진 것은 아니다. 그런데도 업무 상 지위나 역할을 가진 자가 심한 질책과 비난 등을 통해 타인에게 감정적으로 상처를 주고 손상을 입히는 일들이 자주 발생한다. 그것이 바로 '적정범위'를 넘어서는 행동이 되는 것이다.

리더는 구성원들과 함께 조직의 성과를 감당하고 책임져야 할 의무와 책임이 있다. 그 과정에서 발생하는 사람관리에 대한 역할을 부여받은 것이다. 그런데 자신의 업무 처리 방식과 맞지 않거나 혹은 자신이 지시한 일을 제대로 수행하지 않았다고 해서, 상대방이 감정에 큰 상처를 받을 정도로 비난할 자격까지 주어진

것은 아니다.

　일이 진행이 되지 않아서 답답하고 짜증이 날 수는 있다. 그러나 그것은 어디까지나 자신의 감정이며, 그 문제를 해결하기 위한 다양한 방법들이 있다. 자신의 마음에 들지 않거나 자신의 지시에 따르지 못했다고 해서 부하직원에게 부정적인 감정을 쏟아붓거나 심하게 질책하는 것은 과연 정당한가? 자신의 부정적 감정에 대한 분풀이를 타인에게 하거나 혹은 업무 진행과 관련된 책임과 비난을 특정인에게 넘기는 것은 옳지 않다.

　만약 매장직원이 손님에게 실수를 했다면, 손님은 실수 수준에 상응하는 정도의 불평을 하는 것은 그나마 인정할 수 있다. 그리고 그 불평을 하는 과정에서 상식적 수준에서의 적정선을 지키거나 차분하게 자신의 불편함과 그에 따른 요구를 얘기하였다면 문제가 되지 않을 수도 있다. 오히려 실수했던 직원도 사과하고 그에 상응하는 보상을 하려고 노력할 것이다. 그러나 작은 실수에도 불구하고 자신이 화가 난다는 이유로 직원을 무릎 꿇게 하거나 혹은 뺨을 때리는 것은 분명히 정도를 넘어서는 잘못이다.

　대체 누가 다른 사람을 비난하고 화를 낼 수 있는 자격을 부여하는가? 정말로 엄청나게 화를 내고 비난하여 감정적으로 상처가 될 정도로 표현해도 되는 일들이 있는가? 심지어는 살인자를 조사하는 수사관들도 적정한 선을 지켜가면서 원칙을 준수하며 취조를 해야 하는 것이다. 만약 수사관들이 적정한 선을 넘어서 가혹해위를 하거나 위협적인 조사를 하는 경우에는 자백 내용에 대한 증거능력을 상실할 수도 있다.

만약 국가대표 축구팀의 감독이 선수들이 자신의 리드에 잘 따르지 않고 지시에 맞추어 행동하지 않아 답답한 상태라고 가정해보자. 그렇다고 해서 그가 선수들을 불러놓고 호통을 치면서 체벌을 가해도 되는가? 과연 그것이 정당한 접근이고 적절한 방법인가? 이제는 시대가 변하여 그래도 체벌은 안된다고 생각할 것이다. 그럼 체벌을 제외한 심한 호통이나 비난은 괜찮은가? 그것도 역시 마음에 큰 손상을 가져오는 부적절한 행동인 것이다. 특히 축구와 관련된 내용이 아니라 특정 선수의 인격 자체를 비난하거나 혹은 축구에 대한 의욕을 떨어뜨릴 정도의 심한 질책을 하는 것이 정말 정당한 행동인가? 그렇지 않다.

어떤 지위도, 어떤 직급이나 자격도, 타인의 감정을 무시하거나 감정을 해쳐도 되는 것은 아니다. 모두의 감정은 기본적인 보호를 받아야 하며, 상식적이고 합리적 수준을 벗어나는 부당한 대우를 받아서는 안된다. 그것만이 정답이다.

감정은 내 마음을 보여주는 거울이다.

거울에 비친 나의 마음이 웃고 있다면 그것은 행복한 것이다.

그러나 거울에 비친 나의 마음이 울고 있다면,

그것은 내 마음이 심한 고통 속에 있다는 것을 의미한다.

만약 그렇다면, 그 감정을 달래고 치유해야만 한다.

PART 2

감정이란 무엇인가?

감정은 무엇인가?

A팀원　"○○님, 지난번에 그 일 어떻게 되었어요? 왜 빨리 안 줘요?"

B팀원　"아, 그거요 거의 다했는데, 내일 오전까지 줄게요~"

A팀원　"아… 증말 내가 오늘 오전까지 달라고 했잖아요! 내가 우스워요?"

B팀원　"아니 뭘 그렇게 말을 해요. 우습기는 뭐가 우스워요. 저도 지금 할 일이 많아서 바빠서 좀 늦어지는 거잖아요."

A팀원　"하… 정말 기가 막히네. 무능한 것도 자랑인가? 무능하면 부지런한거라도 해야지!"

B팀원　"뭐라구요? 정말 말 다했어요? 아니 당신은 뭐가 그렇게 유능하고 잘나서 남에 대해서 그렇게 막말을 해요?"

A팀원　"아니 ○○님은 항상 그렇게 늦게 주고, 일처리도 잘 못하고, 해서 주면 제가 꼭 손봐야 하잖아요?! 몰랐어요? 본인이 무능한거? 대체 그런 능력으로 월급은 왜 받아요? 찔리지도 않아요?"

B팀원　"야! 너 말 다했어?! 너나 똑바로 해!! 이게 정말, 좋게 좋게 생각하고 참아주려고 했더니…"

A팀원　"네가 안 참으면 어쩔건데, 하긴 무능하니 주먹질이라도 하려나 보네!"

감정이란 '사람이 살아가면서 경험하는 마음의 느낌'이라 정의할 수 있다. 감정과 유사한 용어나 개념들이 있다. 정서라고 하면 '우울감'이나 '기쁨' 등과 같이 감정의 상태를 말하며, 기분은 그 당시에 느끼는 순간적 상태의 감정을 지칭한다. 감정이 다른 용어들과 구별되는 점은 기분을 느끼는 과정과 마음의 상태까지를 모두 포괄하는 좀 더 종합적인 개념이라고 볼 수 있다.

감정은 사람의 심리 내면에서 일어나는 주관적인 과정으로써, 심리적 상태를 반영하는 가장 핵심적인 지표이다. 감정은 보통 긍정적인 감정이나 부정적인 감정으로 나뉘어지며, 아무런 감정을 느끼지 않는 경우는 거의 없다. 긍정적인 기분 상태는 보통 '유쾌(愉快, pleasure)'라고 표현하며, 부정적인 기분 상태는 보통 '불쾌(不快, unpleasant or discomfort)'라고 표현한다. 유쾌하거나 불쾌하지도 않은 특별한 감정이 없는 상태가 있을 수도 있으나 실제로는 감정을 잘 인지하지 못하거나 느끼지 못하는 상태인 경우가 많다.

긍정적인 감정상태인지 혹은 부정적인 감정상태인지에 따라서 사람은 매우 다른 행동과 반응을 보인다. 한 개인의 감정상태는 내적인 사고나 행동에 큰 영향을 미친다. 단적으로 긍정적인 감정상태에서는 긍정적 사고가 증가하여 더 유쾌하고 즐거움이 증가되는 결과를 보인다. 반면에 부정적 감정상태에서는 부정적 사고가 증가하여 내면의 심리적 고통이 더 심화된다.

또한 동시에 주변이나 환경, 그리고 다른 사람들과의 교류에서도 큰 차이를 보이게 된다. 긍정적 감정상태에서는 주변 환경에 대하여 적극적으로 다가가는 행동을 보이며, 외부 자극을 긍정적으로 해석하는 경향이 증가해 결과적으로 긍정적 상호작용이 늘어나게 된다. 반면에 부정적 감정상태에서는 주변 환경으로부터 회피하고자 하는 경향이 늘어나며, 환경적 자극들을 부정적으로 인지하거나 평가하는 경향이 늘어난다. 그래서 환경이나 주변 사람들과의 관계를 줄이거나 자기 자신을 스스로 고립시켜 버림으로써 부정적인 생각과 감정에 더 깊이 빠져드는 악순환이 시작되기 쉽다.

즉, 감정이란 내 마음의 단순한 느낌이나 상태 이상으로 내 행동 전반에 영향을 미치는 중요한 심리적 요소이다. 그리고 단순히 나 자신 뿐 아니라 나를 둘러싼 환경과의 상호작용에도 큰 영향을 미치는 내적 변인이다. 그리고 감정을 느끼는 과정이나 감정을 관리하는 일이 그리 간단하지 않으며, 상당히 정교하고 복잡하다.

자신의 감정을
알아야 하는 이유

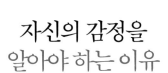

상담가   "지금 기분이 어떠세요?"

내담자   "저는 선생님의 그 질문이 가장 어렵습니다. 기분? 지금의 기분? 그게 뭐죠?"

상담가   "그럼 지금 기분이 좋은 편이세요, 안 좋은 편이세요?"

내담자   "좋지도 않고 안 좋지도 않습니다! 그냥 별 느낌 없어요! 그런데, 꼭 기분을 느껴야 하는건가요?"

그런데 생각보다 감정을 느끼지 못하는 경우가 많다. 특히 직장 내에서 업무와 관련해서는 더욱 그렇다. 그 이유는 '업무적 활동에서는 감정을 배제해야 한다'고 학습하기 때문이다. 또 다른 이유는 '(외적인) 업무 활동에 집중하느라고 (내적인) 감정에 관심을 두지 못하기 때문'이다.

그리고 오랜 기간 동안 이와 같은 패턴이 반복하게 되면 감정에 대한 민감성이 떨어져서 "무감각"하게 업무를 처리하는데 익숙해진다. 또한 업무 상 느끼는 감정에 대하여 "무관심" 해지게 되기도 한다. 이와 같은 두가지 패턴이 겹치면서 우리는 마치 "감정없이" 일을 처리하는 듯한 느낌을 가진다.

또한 이런 패턴은 단지 자신의 감정에만 국한되지 않는다. 타인의 감정에 대해서도 "무감각"해지고 "무관심"해지는 결과를 초래한다. 개인적으로는 감정에 대한 민감성을 보유하고 있는 사람도 업무적 관계로 들어서면 감정에 대하여 무심해진다. 동시에 타인의 감정에 대해서도 무감각해지는 경향을 보이기도 한다.

그럼 감정을 잘 느끼지 못하는 것은 문제가 되는가?
그렇다. 문제가 된다. 그것도 아주 큰 문제이다.

축구선수는 자신의 신체적인 상태에 민감할 필요가 있다. 그리고 자신의 신체 상태에 따라서 신체를 관리하는 능력이 중요하다. 만약 몸 상태가 좋은 날은 훨훨 날아다니게 될 것이다. 빠른 몸놀림으로 경기 분위기를 주도할 것이며, 골을 넣을 가능성도 높아진다.

반면에 몸이 좋지 않은 날은 당연히 축구가 잘 안될 것이다. 마음 먹은대로 슛을 쏘기도 어려우며, 슛의 정확도가 떨어지거나 방향이 틀어지기 일쑤이다. 게다가 괜스레 짜증은 더 나게 되고 날씨 탓을 하거나 축구공의 탄력에 문제가 있을지도 모른다고 생각한다. 어떤 날은 심판 탓을 할 수도 있다 결국 안되는 모든 이유를 남탓하게 된다.

자신의 신체 상태에 따라 경기의 승부가 달라지는 축구선수는 자신의 몸 상태에 민감해야 하며, 특히 하체 상태를 지속적으로 체크하고 관리해야 한다. 조금이라도 문제가 있어 보이면 재빠르게 이를 인지하고, 팀닥터와 상의를 하는 것이 더 큰 부상을 방지하는데 도움된다. 또한 평상 시에 자신의 몸을 최적의 상태로 유지하고 관리하기 위한 다양한 방법들을 적용하는 것은 기본 중의 기본이다.

주로 마음을 사용하는 직장인들은 자신의 심리적 상태에 민감해야 한다. 그리고 마음을 관리하기 위한 다양한 방법들을 알고 있어야 한다. 그래야만 최적의 상태로 최고의 성과를 낼 수 있다.

만약 심리적 상태가 좋은 날과 안 좋은 날이 있다고 가정해보자. 아마도 심리적 상태가 좋은 날(즉, 긍정적 감정이 높은 날)은 집중도 잘되고 업무 효율성도 올라갈 것이다. 또한 업무를 하면서 만나는 사람들과의 대화나 관계도 긍정적으로 될 가능성이 높다.

반대로 심리적 상태가 좋지 않은 날(즉, 부정적 감정이 높은 날)은 왠지 짜증이 나고 업무 집중력이나 효율성이 떨어질 것이다. 또한 기분이 좋지 않은 상태이기 때문에 동료의 업무 상 부탁이나 요청에 대해서도 부정적으로 반응할 가능성이 높으며, 사소한 갈등에도 화나 짜증이 나기 쉽다. 특히 이와 같은 상태가 이미 오래되어 왔다고 하면, 이와 같은 업무 상의 문제나 대인관계 상의 갈등이 이미 극에 달하였을 가능성이 높다.

이처럼 축구선수에게 신체적 상태가 중요하듯이 마음을 사용하는 직장인들은 심리적 상태가 중요하다. 그런데 막상 당사자가 자신의 상태에 대해 인식하지 못한다면 어떻게 될까? 자신의 업무 수행 상 효율성이나 대인관계에 가장 큰 영향을 미치는 요인이 바로 자신의 "감정상태"인데, 이에 대하여 스스로 정확하게 파악하고 인지하지 못하고 있다면 어떻게 될까?

자신의 업무 상 효율성이 떨어지거나 집중력이 떨어지면 당연히 결과가 좋지 않거나 성과가 떨어진다. 그리고 동료나 상사 등 타인들과의 관계에서 갈등이 자주 발생하거나 혹은 갈등을 더 크게 느낄 가능성이 높다. 그리고 이와 같은 결과를 보이게 된 궁극적인 원인은 자신의 "부정적 감정상태"이다. 그런데 자신의 감정상태를 잘 느끼지 못한다면, 부정적인 결과나 갈등 발생의 원인을 엉뚱한 곳에서 찾게 된다. 즉, 문제의 원인을 자신의 능력 상에 문제가 있다고 느끼게 되거나(내부 귀인), 혹은 주변이나 상황에서 그 원인을 찾으려 하게 된다(외부 귀인).

만약 (잘못된) 원인 찾기 과정에서 내적인 요인으로 귀인하는 경우(즉, 자신의 능력이 부족하거나 노력이 미흡했다고 해석)에는 대표적인 부정적 감정인 우울감이나 자기-존중감 저하를 경험하게 된다. 그래서 그래도 안 좋은 감정이 더욱 나빠지는 결과를 초래한다. 반대로 외적인 요인으로 귀인하는 경우(즉, 업무 파트너의 무능력이나 문제로 해석)에는 상대방에 대한 분노와 적대감이 더해지게 된다.

물론 실제로 나의 능력이나 노력이 부족하거나 타인의 무능력이나 문제로 인하여 이슈가 생길 수도 있다. 그런 경우라 하더라도 나의 감정적 상태가 부정적인 경우에는 더욱 강한 우울감을 느끼거나 혹은 필요 이상으로 심한 분노감을 경험하게 하는 기능을 한다. 그래서 결국은 문제가 된다.

즉, 나의 감정 상태에 대해서 정확하게 알고 있지 못한다면, 어떤 경우라도 문제가 된다. 실제로는 나의 심리적 감정상태가 안 좋은데에서 출발한 문제인데, 엉뚱한 곳에서 그 원인을 찾을 뿐 아니라 잘못된 귀인으로 인해서 더 큰 문제가 파생되는 것이다. 혹은 부정적 원인에 대해서 실제 수준보다 훨씬 더 심각하게 지각함으로써, 더 큰 부정적 감정을 유발하게 되는 것이다.

이상과 같은 이유들 때문에 우리는 우리의 감정 상태를 정확하게 파악하고 관리할 필요가 있는 것이다. 그래야만 정확한 원인 파악에 따른 적절한 문제해결을 할 수 있으며, 불필요하게 추가적인 부정적 감정에 사로잡히는 것을 방지할 수 있다.

타인의 감정을
알아야 하는 이유

직원   저는 팀장님과 면담을 할 때면 숨이 턱턱 막힙니다. 정말 조목 조목 하나씩 쪼아붙일때면 숨을 못 쉬겠습니다. 어디 피해 나 갈 구멍이 한군데도 없습니다. 한마디라도 토를 달면 열마디로 되돌아오니 그냥 조용히 있는게 낫습니다. 그냥 제발 이 시간 이 빨리 끝났으면 하는 생각 뿐입니다.

팀장   저는 그 직원이 왜 저에게 감정적으로 행동한다고 비난했는지 이해가 안 갑니다. 업무적 차원에서 감정적으로 대한 경우는 한번도 없습니다. 저는 그냥 차근차근히 업무 얘기를 했고 가 능한 한 감정을 배제하고 논리적으로 얘기하려고 했을 뿐입니 다. 그 친구가 저 때문에 그렇게 상처받고 힘들어 하고 있다고 는 상상도 못했습니다.

자신의 감정을 정확하게 아는 것만큼 타인의 감정을 정확하게 파악하는 것도 중요하다. 물론 산골짜기에서 혼자 생활하는 자연인이라면 그럴 필요가 없다. 하지만 다양한 특성과 욕구를 가진 많은 사람들이 모여서 함께 일하는 직장에서는 타인의 감정을 아는 것도 매우 중요하다.

특히 직장 내에서 우월적 지위를 가진 사람이라면, 나의 행동으로 인하여 상대방이 받을 수 있는 감정적 반응에 대하여 정확하게 예상할 수 있어야 한다. 어린 시절 학생부 선생님이 부르기만 해도 오금이 저렸던 기억이 있는가? 운전을 하고 가다가 경찰이 차를 세웠다고 가정해보자. 어떤 기분이 드는가? 혹은 어두운 거리를 홀로 걸어가는데, 저쪽에서 한무리의 사람들이 떠들면서 몰려온다면 어떤 기분이겠는가? 그런 상황 자체로도 상당한 긴장감을 줄 것이다.

이와 같은 긴장감은 특별한 일이 없다고 해도 부정적인 감정을 주기 쉽다. 게다가 경찰이나 학생부 선생님과 같이 나에게 부정적인 페널티를 다양한 방법으로 줄 수 있는 위치에 있는 사람이라면 더욱 긴장감과 두려움을 줄 것이다. 혹은 이번은 그냥 넘어가더라도 '한번 두고 봅시다!'라고 한마디를 던지면 어떻겠는가? 긴장이나 두려움이 몇배는 더해지지 않겠는가?

이것이 조직 내에서 의도치 않은 '괴롭힘'이 발생하게 하는 주요 원인 중 하나로 작용한다. 우월적 지위라는 것은 그 자체가 긴장감과 불편감을 유발한다. 또한 어떤 행동을 하던지 간에 향후에 나의 이익이나 처신과 관련하여 큰 영향을 미칠 수 있는 권한을 가진 사람이라는 점에서 더욱 긴장감과 두려움을 주는 것이다.

특히 상대방이, 나의 상사나 많은 권한을 가진 사람이라고 하면 더욱 문제가 될 수 있다. 보통 상사가 출근하면 부하직원들은 상사의 "날씨"부터 체크하고 공유한다. '오늘 팀장님 영 기분이 안 좋아보이는데?! 무슨 일이 있나?', 혹은 '오늘 몸조심들 해! 오늘 빨간불 들어왔어!'라는 메시지가 그들 만의 단톡방에 돌아다니게 된다. 이런 메시지를 받게 되면, 오늘 중요한 결재를 받아야 하는 사람들은 가능한 결재를 미루는 것이 좋을 것이다. 왜냐하면 괜한 트집을 잡거나 시비를 하게 될 가능성이 높기 때문이다.

그런데 반대로 상사는 어떻게 생각할까? 자신의 기분 상태가 팀 전체에 부정적인 영향을 끼칠 수 있다거나 혹은 부하직원들이 자신의 상태로 인하여 눈치를 보고 있을지도 모른다는 것을 알까? 그렇지 않은 경우가 많다. 왜냐하면 본인 스스로의 감정 상태에 대해서 정확히 모르거나, 혹은 안다고 하더라도 자신이 기분에 따라서 행동하는 사람이 아니라고 믿고 싶기 때문이다.

상사, 혹은 현재의 부서 분위기를 주도하고 있는 다수의 경우에는 자신들의 상태를 객관적으로 인지하기 어렵다. 왜냐하면 지금까지 항상 그래왔으니까?! 그렇지만 분명한 것은 상사의 부정적인 심리적 상태는 구성원들에게는 매우 중요한 요소가 된다. 왜냐하면 우리 부서 전체의 분위기를 주도하고 이끌어가는 사람이기 때문이다. 또한 다수가 무심코한 발언들이나 행동들은 이들의 눈치를 보고 사는 소수파나 부서에 배치받은지 얼마 되지 않아 위축되어 있는 사람들에게는 "따돌림"이나 "괴롭힘"으로 느껴질 수도 있다.

그런데 직장에서는 회사를 그만두지 않는 이상 이를 피할 방법이 없다. 적어도 근무시간에는 그렇다. 바로 옆 책상에 계속해서 앉아 있으며, 끊임없이 업무적 상호작용을 하는 일이 많기 때문이다. 상사의 기분이나 심리적 상태는 상호작용의 내용 상에서 차이를 보이지는 않으나 전달되는 분위기나 뉘앙스에서는 큰 차이가 난다. 기분이 좋은 상태인 경우에는 적절한 칭찬을 하거나 좋은 말로 설득하는 경우가 많다. 하지만 기분이 좋지 않을 때에는 문제점을 지적하거나 심한 질책을 하는 경우가 많아진다.

더욱이 문제는 말하는 사람(즉, 상사나 다수)은 자신이 감정적으로 말하지 않았다고 주장하는 반면에 듣는 사람(즉, 부하나 소수)은 말하는 사람이 감정적으로 말한다고 느끼는 경우에 발생한다. 말하는 사람은 자신은 충분한 근거와 증거들에 기반하여 논리적으로 말하였다고 생각한다. 그러나 듣는 사람은 이로 인해 심한 심리적 압박과 부담감을 느끼며, 심지어는 공포스럽다고 느낄 수도 있다.

이런 일이 발생하는 원인은 두가지 정도이다. 그 하나는 말하는 사람들의 표현 방식과 관련된 문제이다. 우리가 방송에서 흔히 볼 수 있는 토론 프로그램이나 잘잘못을 따져야 해서 서로 논리적인 공방을 벌이는 청문회 등을 보면 어떤 기분이 드는가? 상당히 긴장될 수 밖에 없으며, 토론이 고조되면 상당히 공격적인 분위기가 조성될 수 밖에 없다.

그런데 두번째 원인이자 더 큰 문제는 말하는 이가 우월적 지위에 있다는점이다. 이런 경우 듣는 이가 동등한 위치에서 이를 반박하기 어려우며, 이후의 부정적인 후속조치가 생길 것이라 예상하게 되기 때문이다. 즉 회사로 말하면 상사와 부하의 대화이며, 분위기를 주도하는 다수와 이제 합류하여 분위기 파악도 안된 소수의 관계 등이 이에 해당한다.

만약 상사의 기분을 거슬리거나 소위 맞짱을 하는 경우, 향후 업무 상 불이익을 당하거나 연말에 나쁜 고과를 받게 될 것에 대한 두려움을 가지게 된다. 또한 다수로부터 소외되고 있다고 느끼는 소수에 해당하는 사람들은 다수의 입장에 따르지 않으면 더욱 소외되거나 따돌림을 당할 수 있다는 걱정이 따라오기 마련이다.

이와 같이 한쪽이 우월적인 지위를 가지고 있는 경우에는 대화 수준 자체가 공정하기 어렵다. 말하는 이가 아무리 중립적 태도를 가진다고 해도 듣는 이의 입장에서는 이를 부정적으로 받아들이기가 쉽다. 게다가 이 와중에 상사나 다수의 행동이나 언급 상에서 "업무적 범위"를 벗어난 행동들이 포함되면 더욱 문제가 된다.

예를 들어, 개인적인 부탁이나 요청을 하면 문제가 된다. 또한 업무적 범위를 벗어나 능력이나 특성 자체를 너무 포괄적으로 지적하거나 "개인적 영역"에 비판을 해도 문제가 된다. 왜냐하면 우월적 지위와 향후의 불이익으로 인하여 반론을 제기하거나 해당 언급으로 인한 불편함을 표현하기 어렵기 때문이다.

즉, 리더이든, 동료 사이이건 간에 상대방의 입장에서 심한 불편감을 느끼거나 부정적 감정을 느낄 수 있는 이슈라면 이것은 문제가 된다. 그리고 이것을 정확하게 파악하기 위해서 핵심적인 것이 바로 '타인의 입장에서 타인의 감정을 정확하게 파악하는 것'이다. 그래야만 내가 타인에게 "괴롭힘"을 제공하고 있는지를 판단할 수 있게 된다.

그런데 어떻게 이렇게까지 행동하고 배려하느냐고 반문할 수 있다. 혹시 당신은 억울했던 경험이 있는가? 내가 맞다고 생각하는데도, 상대방의 우월적인 지위나 역할 때문에 어쩔 수 없이 참아야 했던 적이 있는가? 그 때의 당신 느낌은 어떠하였으며, 얼마나 오랫동안 그런 불쾌한 느낌이 지속되었는가? 정말 열받고 화나며, 마음에 깊은 상처가 되지 않았었는가?

"괴롭힘"과 같은 정서적인 고통이나 심리적 문제들이 개입되는 경우에 문제 여부를 판단하는 기준은 "피해자 입장"에서 정해진다. 가해자의 명분이나 논리보다는 피해자의 지각과 피해 정도가 더 중요하다. 이는 다른 유사 법률에서도 그대로 적용이 된다.

'성희롱'과 관련하여서도 가해자들은 '좋은 마음으로', '부정한 의도없이', 혹은 '친하다고 생각해서 편하게 대하다 보니' 가해행동을 한다. 그러나 이런 접근으로 인하여 피해자가 '안 좋은 마음'이 되거나, '성적 수치심'을 느끼거나, '친하고 싶지 않거나 편하게 대하는 것을 원하지 않는다'면 문제가 된다.

모든 피해자 보호와 관련된 법률들은 '피해자의 입장과 상태'를 중심으로 문제 여부를 판단하는 경향을 보인다. 이를 위해서 반드시 가져야 할 것은 나의 행동으로 인한 "상대방의 감정"을 정확하게 파악하고 예상하는 능력이다. 이를 "역지사지"라고 한다. 이것이 문제를 예방하고 해결하는 시작이다.

감정을 아는 방법

다음 표를 보면서 질문에 답해보십시오.
"지금 당신의 기분은 몇 점입니까?"

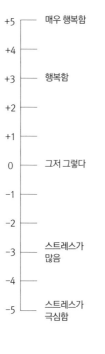

+5	매우 행복함
+4	
+3	행복함
+2	
+1	
0	그저 그렇다
-1	
-2	
-3	스트레스가 많음
-4	
-5	스트레스가 극심함

감정과 기분을 평가하는 방법은 생각보다 간단하다. 감정표에서 당신의 기분은 몇점인가? 기분이 좋은 상태인가, 아니면 스트레스를 많이 받고 있는 상태인가? 좋은 상태나 안 좋은 상태 중에서도 '상(+5점 혹은 -5점)', '중(+3점 혹은 -3점)', '하(+1점 혹은 -1점)' 중 어느 수준인가?

만약 현재 기분이 '+3'이라면 업무에 대한 집중력과 효율성이 높은 상태여서 자신의 일을 효과적으로 잘 처리하고 있을 것이다. 또한 상쾌한 기분으로 맛있는 점심식사 생각을 하게 될 것이며, 누군가가 당신에게 도움을 요청한다면 흔쾌히 응해줄 가능성도 높아진다.

그런데 만약 당신의 기분이 '-3'인 경우라면 어떨까? 내적인 집중력과 효율성이 떨어지며, 일이 자꾸 꼬이거나 마음처럼 되지 않는다는 느낌을 많이 받을 것이다. 합리적이고 객관적인 판단을 하지 못하고 사소한 일에도 짜증이 나고 주변 사람의 얘기에도 민감하게 반응할 가능성이 높다.

동일한 방식으로 타인의 기분을 추측해보자. 당신 주변에 누가 보이는가? 그 사람의 기분이 어떤 상태인 것 같은가? 이를 역시 '-5 ~ 0 ~ +5'의 방법으로 추측해보자. 그리고 그 사람에게 질문해보자. 그 사람의 현재 기분 몇점일까?

리더십 교육을 할 때 리더들에게는 출근할 때 자신의 감정 상태를 꼭 체크해보라고 한다. 왜냐하면 리더의 심리적 상태는 개인적 수준의 문제가 아니라 조직 전체에 미치는 영향이 지대하기 때문이다. 리더가 좋은 기분과 상태라면 그 팀이나 조직도 하루 종일 좋은 일이 많이 생길 가능성이 높다. 반면에 리더의 심리적 상태가 부정적인 상태라고 하면 팀내의 상호작용 과정에서 그의 부정적인 영향력이 구성원들에게도 전달될 가능성이 높다.

이는 다른 직장인도 마찬가지이다. '+3'으로 출근한 날과 '-3'으로 출근한 날은 분명히 다를 것이다. '+3'으로 출근한 날은 업무 효율성이 높고 긍정적이고 우호적인 대인관계가 많아질 것이며, '-3'으로 출근한 날을 그 반대가 될 가능성이 많을 것이다. 이렇듯 기분 상태는 다양한 측면에서 나 스스로의 행동에 영향을 미치고 있다.

이제 본격적으로 당신이 타인에게 했던 행동들을 생각해 보자. 그리고 그 때 당신의 부하직원이나 파트너가 느꼈을 감정에 대해 추론해 보자. 오늘 당신은 회의 때 부하직원들을 모아 놓고 업무 지시를 했을 것이다. 그리고 그 중에 좀 더 진지하게 논의해야 되는 이슈에 대해서는 개별 구성원과 따로 면담을 했을 것이다. 그 때 부하직원의 감정상태는 몇 점이었을 것 같은가?

혹은 어제 회식 자리에서 어떤 분위기였는지도 상상해보자. 회식을 하자고 공지를 받은 그들의 심리적 상태는 몇 점이었겠는가? 그리고 회식 중 즐거운 마음으로 '한잔해~'라고 했을 때, 상대는 어떤 느낌이었겠는가? 혹은 즐거운 기분으로 "2차 갑시다!!'라고 말하기 전 구성원들이 가고 싶어하는지에 관하여 면밀하게 살피고 말한 것이 맞는가, 아니면 별 고려 없이 2차를 '콜~'했는가?

어떤 경우이든 긍정이건 부정이건 감정을 느끼지 않았겠는가? 그런데 당신은 그 당시 그들의 감정을 고려하고 행동하였는가? 우리는 보통 행동이나 말을 하면서 상대방이 어떤 감정을 느낄지에 대해서 충분히 생각하지 못한 채 말이나 행동을 하는 경우가 많다. 그렇다면 그 와중에 내가 인지하지는 못했지만 상대방이 불편감을 경험하거나 심리적 상처를 입었을 가능성도 있는 것이다. 특히 당신이 일반적으로 말하는 우월적 지위를 가지고 있다면 더욱 그러하다.

우리의 인생이 어찌 좋은 일만 있겠는가? 희로애락이 번갈아가며 발생하는 것이 우리의 인생인 것을, 직장생활은 더하지 않겠는가?! 그리고 어떻게 매순간마다 상대방을 배려해서 말하고 행동하겠는가?! 필연적으로 우리는 직장 내에서 무척이나 다양한 상황들을 겪으며 생활한다. 그 중에는 분명히 좋은 일도 있을 것이나, 반대로 너무도 힘들고 지치는 일도 있을 것이다.

그런데 우리 중 누군가가 "괴롭힘" 상태에 있다는 것은 한 사람의 심리적 및 정서적 상태가 '-5' 수준이라는 것이며, 이와 같은 상태가 오랜 기간 동안 지속되어 왔다는 것을 의미한다. 분명한 것은 '-5'인 상태에서는 마음이 힘들고 고통스럽기 때문에 자신에 대한 생각이나 환경에 대한 지각도 부정적이 될 가능성이 높아진다. 즉, 스스로의 자책이나 문제라고 생각하는 경향도 커지면서, 타인들의 이야기나 행동에 대해서도 부정적으로 받아들일 가능성이 높아진다. 그래서 더욱 심한 정서적 고통을 경험하게 되는, 일련의 악순환 과정에 있을 가능성이 높은 것이다.

만약 우리 부서에서 "괴롭힘" 문제가 제기되었다는 것은 우리 구성원 중의 한명이 이와 같은 심리적 상태에 빠져있다는 것을 의미한다. 그리고 부지불식 간에 우리 모두가 그 문제에 기여했을 가능성이 높다는 것을 의미한다. 즉, 우리 모두의 공동책임일 가능성이 높은 것이다.

우리 중의 한명이, 우리 팀원 중 누군가가, 그리고 나의 동료가 이와 같은극심한 심리적 고통에 있으며, 우리 모두는 그에 대한 어느 정도의 책임이 있다. 이런 상황이나 문제를 방치해도 될까?

아니면 어떤 방법을 써서라도 이를 해결하고 개선해야만 할까? 이를 해결하지 않고 방치하는 것은 분명히 잘못이고 문제이다. 그리고 이와 같은 문제를 발생시킨 원인이면서도 해결하기 위해서 필요한 것이 바로 나의 감정을 아는 것이며, 동시에 타인의 감정을 아는 것이다.

그 어느 누구도 똑같은 감정을 가지지 않는다.

그 어느 순간에도 똑같은 감정을 가지지 않는다.

감정은 매순간과 상황마다 변화한다.

그래서 감정을 공감하고 이해할 수 있다는 것은 탁월하게 훌륭한 능력이다.

PART 3

감정의 속성

감정을 움직이는 세가지 자원

다음 항목들을 보면서, 당신의 기분을 표시해보십시오.
(+ : 좋은 기분 / △ : 별 느낌 없음 / - : 기분이 좋지 않음)

1. 가족이 큰 병에 걸림　　　　　　　　+ / △ / -

2. 부모의 이혼　　　　　　　　　　　　+ / △ / -

3. 교통 사고가 남　　　　　　　　　　　+ / △ / -

4. 나의 결혼　　　　　　　　　　　　　+ / △ / -

5. 자녀 출생　　　　　　　　　　　　　+ / △ / -

6. 자녀 결혼　　　　　　　　　　　　　+ / △ / -

7. 취직　　　　　　　　　　　　　　　+ / △ / -

8. 승진　　　　　　　　　　　　　　　+ / △ / -

9. 퇴직　　　　　　　　　　　　　　　+ / △ / -

10. 상사의 칭찬과 인정　　　　　　　　+ / △ / -

11. 상사의 혹독한 질책　　　　　　　　+ / △ / -

12. 상사와의 회식　　　　　　　　　　+ / △ / -

13. 내 옆자리 팀원　　　　　　　　　　+ / △ / -

14. 내 주요 고객　　　　　　　　　　　+ / △ / -

15. 내 후배 직원　　　　　　　　　　　+ / △ / -

16. 오늘 타고 온 버스의 기사　　　　　+ / △ / -

17. 아까 들렀다 온 편의점 직원　　　　+ / △ / -

18. 국회의원　　　　　　　　　　　　　+ / △ / -

사람이 감정을 느끼게 되는 데에는 여러가지 요소들이 작용한다. 감정이 발생하도록 하거나 움직이게 하는 주요 세가지 요소는, 첫째 외적 자원이나 자극, 둘째, 내면의 심리적 과정, 그리고 마지막으로는 둘 간의 상호작용 등이다.

사람의 감정을 움직이는 첫번째 자원은 외부적 자원이다. 이와 같은 외부적 자원은 사람일 수도 있고 일상적으로 경험하는 생활사건일 수도 있으며, 물리적 환경 그 자체일 수도 있다.

아침에 창을 내다보니 아주 밝고 화창한 날씨에 새파란 하늘을 보면 어떤 감정이 드는가? 내 마음도 시원해지고 환해지면서 기분마저도 상쾌해지는 것을 느낄 것이다. 그리고 약간은 한적한 듯 느껴지는, 쾌적한 온도와 적당한 시원함이 제공되는 카페에서 그윽한 커피 내음이 풍겨지는 상황에서는 느긋함과 여유가 절로 생긴다.

반대의 경우도 있다. 미세먼지가 가득한 하늘은 마음이 답답해지고 왠지모를 짜증과 예민함을 증가시킨다. 또한 너무 후덥지근한 날씨가 지속되면 사람들의 불쾌지수가 높아지고 잦은 신경전과 싸움이 일어나기 쉽습니다. 또한 출근 시간의 복잡한 전철 안은 생각만 해도 답답하고 짜증이 올라온다.

예를 들어, 앞서 평가한 생활사건들에 대한 기분 평가에서 1/2/3번은 모두 극심한 부정적 감정을 유발하는 사건들이다. 이와 같은 사건들은 절대적으로 극심한 스트레스를 유발하고 부정적 감정을 발생하게 한다. 따라서 이런 생활사건을 경험한 경우에는 무조건 전문적 상담을 받는 것을 권할 정도이다.

반면에 일반적으로 긍정적 감정을 유발하는 생활사건이나 자극들이 있다. 예를 들어 취직이나 승진, 나의 결혼이나 자녀 결혼 등을 전형적으로 긍정적 생활사건으로 여겨진다. 게다가 상사의 칭찬이나 인정 등도 일반적으로는 긍정적 감정을 유발한다.

그리고 어떤 것들은 양가적인 감정을 느끼게 하는 생활사건들도 있다. 예를 들어 자녀 출생의 경우에는 부부의 사랑의 결실이 맺어졌다는 기쁨이 있으나 동시에 육아와 관련된 책임이나 부담이 매우 큰 전형적인 사건이다. 또한 승진도 마찬가지이다. 승진 통보를 받을 때가 좋은 것이지, 새로운 역할에 적응하는 과정에서는 항상 스트레스와 좌절이라는 것이 따른다.

그런데 비가 오는 것에 대해서 어떤 사람은 기분이 좋아지는 반면에 어떤 사람은 비가 오는 것을 싫어한다. 또한 저 멀리 보이는 회사를 향해 걸어가는 발걸음이 가볍고 기분이 좋은 사람이 있을 수도 있고, 회사가 가까워질수록 짜증과 답답함이 늘어나는 사람이 있을 수도 있다. 즉, 물리적 환경 자체가 직접적으로 내 감정을 결정하는 것은 아니며, 이를 받아들이고 해석하는 개개인의 내적인 심리적 과정이 두번째 감정 결정 요인인 것이다.

각 사람들은 주변의 환경을 받아들이고 해석하는 고유한 나름대로의 방식을 가지고 있다. 그 내용은 그때그때의 사고와 기분상태들이 영향을 미친다. 내가 기분이 좋은 상태인 경우 누군가가 나에게 '참 예쁘세요~'라고 하면 더 기분이 좋아지면서 절로 '감사합니다. 그쪽도 상당히 잘 생기셨어요~'라는 반응이 나가기 쉽다. 반면에 내가 기분이 좋지 않은 경우에는 '참 예쁘세요~'라는 말이 왠지 외모에 대해 평가하는 것 같아서 '니가 뭐라고 함부로 내 외모를 평가하는데?'라고 분노하거나 혹은 상대방의 의도를 부정적인 것으로 왜곡하여 '왜 저런 말을 하는거지? 무슨 흑심이 있는거 아니야?'라고 의심하기 쉽다.

이처럼 나의 기분 상태나 혹은 타인들의 의도를 해석하여 받아들이는 과정에서의 개인차가 있다. 그리고 이 개인차는 한 사람의 감정적 패턴을 만들어 낸다. 특히 기분 상태가 계속해서 부정적인 편이거나, 상대의 의도를 부정적으로 해석하는 패턴을 보유하고 있다면 그 결과로 '기분이 안 좋음'이라고 할 수 있는 부정적 감정 상태가 일상화된다.

예를 들어, 10번에서 12번까지 상사와의 관계나 13번에서 15번까지의 직장 내 대인관계의 경우에는 기존의 관계패턴에 따라 평가가 매우 다를 것이다. 또한 내 후배 중에서도 어떤 후배는 마음에 들고 즐거움을 주지만 또 다른 후배는 만나기 싫을 수도 있다.

게다가 16번에서 18번까지의 반응에서는 더 큰 개인차를 보인다. 어떤 사람의 경우에는 모두 '-'에 체크했을 수 있으며, 또 다른 사람의 경우에는 모두 '+'에 체크를 했을 수도 있다. 가장 문제는 16번에서 18번까지에 '△'에 표기하지 않고 '+'나 '-'에 모두 체크한 경우이다.

이런 경우를 과도한 "오지랖"이라고 한다. 즉 그리 중요하지 않고 꼭 필요하지도 않은 주변인들에게도 심리적 에너지를 투자하는 경향을 보이며, 그로 인한 감정적 반응을 보이거나 영향을 받는 사람들이다. 따라서 이런 경우 대인관계 상에서 필요 이상의 영향을 받아 감정적 변화가 무쌍하고 심리적 에너지가 낭비될 가능성이 높아지게 된다.

그런데 내가 선호하는 물리적이고 객관적인 환경이지만 내 기분 상태가 좋지 않은 경우에는 과연 기분이 어떨까? 과연 물리적 환경으로 인해서 좋은 것일까 아니면 내 기분의 영향이 더 큰 것일까 이것이 바로 감정을 결정하는 세번째 요소인 외적 환경과 자극, 내적 사고와 기분 간의 역동적 상호 관계이다.

분명한 것은 자신이 선호하는 환경에서, 좋아하는 사람과 함께, 기분 좋은 상태로 있다면 더할 나위없이 좋은 감정 상태일 것이다. 그리고 내가 싫어하는 환경에서, 별로 만나고 싶지 않은 사람과 함께 있다면 좋았던 기분도 망쳐질 것이다. 그런데 그 사이에 있는 수많은 감정적 상태들은 아주 복잡하고 미묘한 역동적 관계 속에서 결정된다.

특히 좋았던 관계이거나 혹은 별 느낌 없는 중립적 관계였던 사람과의 관계에서 부정적인 사건들이 발생하고, 갈등이나 대립이 늘어난다면 그 결과는 부정적 관계가 될 가능성이 높아질 것이다. 반면에 관계가 불편했던 사람과 서로의 오해를 풀거나 진지한 마음으로 사과를 주고 받게 된다면 점차로 그 안에서 발생하는 감정들도 개선되고 긍정적으로 변화할 것이다.

예를 들어, 10번에서 15번까지는 무척 가변적이다. 관계의 양상이나 축적된 경험에 따라서 '+'일수도 있고 '−'일수도 있다. 게다가 상황이나 사건들에 따라서 그 평가가 바뀌기도 한다. 분명한 것은 상호 간에 '+'의 경험이 많아질수록 더욱 '+'가 될 것이며, '−'의 사건들이 많이 생기면 더욱 '−'가 될 것이다.

그런데 만약 10번에서 15번까지, 즉 직장 내에서의 모든 관계나 교류가 '−'라면 어떨 것 같은가? 그것도 그냥 불편한 수준이 아니라 극심한 '-'라면 어떻겠는가? 과연 출근할 마음이 나고, 일을 하면서 즐거울 수 있겠는가? 그런 가운데에서 어떻게 성과를 만들어 내고 좋은 업적을 성취하겠는가?

정서적 및 심리적 "괴롭힘"을 경험하고 있는 사람들의 심리적 상태가 딱 그렇다. 부정적 정서가 가득하여 적절한 업무 수행을 하지 못하고 성과를 내는데 어려움을 겪는 것이다. 그런데 그와 같은 심리적 상태가 된 책임이 우리 모두에게 있을지도 모른다는 점과 그럴 가능성에 대해 기억해야만 한다.

이처럼 감정은 꽤나 복잡하다. 사람이나 물리적 자극과 같은 외적 환경과 어린 시절부터 다양한 요인들로부터 영향을 받아 형성되어온 현재의 나의 특성과 상태, 그리고 그들 간의 미묘한 역동적 관계를 통한 복잡한 함수식이다. 그래서 내 감정을 정확하게 인지하고 관리하기 위해서는 환경에 대한 분석과 더불어 감정을 받아들이는 나의 특성이나 성향에 대해서도 잘 알고 있어야 한다. 그리고 타인의 감정을 정확하게 이해하고 수용하며 공감하기 위해서는 상대방의 특성이나 성향에 대해서도 잘 이해하고 있는 것이 좋다.

감정 프로세스

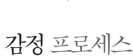

"저는 사람들에게 너무 예민하다는 얘기를 많이 들어요ㅠㅠ 저한테 무슨 말을 하기가 부담스러울 정도래요."

"하지만 다른 사람들이 저한테 대하는 행동이나 무심코 하는 이야기들을 그냥 넘기기가 어려워요. 계속 신경이 쓰이고 어떤 의미였는지 궁금하고 확인하고 싶어져요. 그런데 차마 물어보지도 못하고 계속 신경만 쓰게 되요ㅠㅠ"

"그러다 보면 정말 제 마음이 지치는 것 같아요. 사람들 만나기도 싫어지구요. 그래서 제 마음이 너무 힘들어요ㅠㅠ"

감정을 다루는 방법과 관련하여 여러가지 표현들이 있다. 대표적인 것이 '너무 예민하다'이다. 그리고 그에 반대되는 표현으로는 '감정에 둔하다'라는 표현이 있기도 하다. 또한 감정 표현과 관련하여 '무조건 참는다'도 있으며, '충동적'이라는 표현도 있다. 이런 다양한 감정 관련 표현들은 각각의 감정 프로세스 단계를 특정하고 반영하는 표현들이다.

감정은 여러가지 심리적 단계들을 거쳐서 받아들여지고, 처리되고, 표현된다. 감정을 처리하는 가장 첫번째 단계는 감정에 대한 인지(감정을 받아들이고 느끼는 것)이며, 두번째 단계는 내적인 감정처리(내적으로 감정을 처리하는 나름대로의 고유한 방식)이고, 세번째 단계는 감정을 표현하는 방법(감정이 외적으로 드러나는 패턴)이다.

감정을 처리하는 첫단계는 감정을 받아들이고 느끼는 "감정-인지" 단계이다. 감정적으로 "예민하다"와 "둔하다"라는 표현은 바로 이 단계와 관련된 전형적인 표현들이다.

감정적으로 '예민하다'는 것은 주변이나 내면의 감정적 단서들을 민감하게 받아들이거나 느끼는 정보 자체가 많은 것을 의미한다. 때로는 타인 스스로도 느끼지 못하는 타인의 감정적 변화를 읽어 내기도 한다. 반면에 감정이 '둔하다'는 것은 자신 및 주변 사람들의 감정적 단서들을 잘 느끼지 못한다는 것을 말한다.

감정적으로 예민한 사람들은 필요 이상으로 감정적 지각을 함으로써 본인 스스로 심리적 에너지를 많이 소비하는 경우가 많다. 특히 감정 중에서도 부정적 감정을 중심으로 민감하게 받아들이는 경우가 흔하다. 따라서 내적 에너지의 소비가 너무 강할 가능성이 높으며, 이로 인해 부정적인 감정들이 더욱 심화될 가능성이 높다.

감정적으로 둔한 사람들은 자신의 감정에 대한 통찰과 인식이 부족하며, 타인을 공감하는 능력도 떨어진다. 그래서 자신의 반응에 따라 타인이 감정이 영향을 받을 수 있다는 것 자체를 이해하지 못하는 경우도 많다. 따라서 타인에게 감정적 상처를 주고도 잘 모를 수 있으며, 자신이 정서적으로 상처받는 것도 잘 몰라서 내면에 부정적 감정들이 해결되지 않고 축적될 가능성이 높다. 그리고 이와 같이 축적된 부정적 감정(예를 들어, 분노나 우울)은 추후에 엉뚱한 방향(심혈관계 질환 등의 신체적 문제나 심리적 소진현상(burn-out)이나 급작스럽게 오는 우울감(depressive attack) 등)으로 터질 수도 있다.

감정을 처리하는 두번째 단계는 내적인 감정처리 및 관리 방식이다. 감정은 외부 자극을 있는 그대로 받아들이는 것이 아니라, 나만의 고유한 방식을 통해 독특한 처리 과정을 거치게 된다.

어떤 사람들은 감정을 있는 그대로 느낀다. 기분이 좋으면 좋은

대로, 나쁘면 나쁜대로 그냥 느끼고 인정한다. 어떤 사람들은 감정을 논리적으로 접근한다. 왜 이런 감정이 드는지에 대하여 납득하고 논리적으로 이해하려고 하고 제대로 납득이 되지 않거나 논리적으로 설명되지 않는 감정은 인정하거나 수용하지 않는 경우가 많다.

또한 감정관리 상의 중요한 단계 중 하나는 정교화 과정이다. 특별한 정교화를 거치지 않은 채 날-감정 그대로를 다루는 경우가 있는가 하면, 느껴진 감정에 대해서 곱씹으면서 보다 정교하고 체계적인 감정으로 발전시키는 경우도 있다. 이런 경우를 나타내는 전형적인 표현이 '생각할수록 화가 나네!'이다. 처음에는 10정도의 강도로 감정을 느꼈으나 내부적인 처리 과정을 통해서 감정의 강도가 더 강해져서 30, 50, 심지어는 100정도의 강도로 감정을 느끼는 것이다.

즉, 감정처리 및 관리 과정에서 감정이 극대화되거나 반대로 해소되는 경우가 있다. 만약 극대화되는 감정이 우울감이나 분노감 같은 부정적인 감정이라면 이는 심각한 후유증을 초래한다. 예를 들어 '직장 내 괴롭힘'의 경우 가해자가 생각하는 가해 수준과 피해자가 경험하는 피해 정도가 다른 경우가 매우 흔하게 발생한다.

그런데 이 중 '괴롭힘'으로 인해 생긴 감정을 정교화하는 과정에서 감정적 손상이 더 커지는 경우가 자주 발생한다. 따라서 '괴롭힘'이 발생하였다고 하면, 이후의 불필요한 감정적 정교화가 발생하지 않도록 빠르게 개입하거나 혹은 전문적 상담이나 치료를 통해서 신속하게 피해자의 감정적 고통에 개입하여 해결하고 치유하는 것이 중요하다. 어설프게 병가를 보냈다가 이와 같은 부정적 감정에 대한 정교화 과정으로 인해 그 후유증과 증상이 더욱 심해지는 경우들이 자주 발생한다.

감정을 처리하는 세번째 단계는 감정을 표현하는 방법이다. 이는 다음 장에서 논할 성격과도 밀접한 관련이 있는 것으로써, 사람마다 각자 감정을 표현하는 고유한 방식을 가지고 있다. 감정적 표현에는 '전혀 표현하지 않음'에서부터 '충동적으로 격하게 표현함'까지의 스펙트럼이 있다.

감정을 '전혀 표현하지 않음'이 꼭 좋은 것은 아니다. 왜냐하면 표현하고 해결하지 않은 감정은 내면에 축적되기 때문이다. 특히 그 감정의 내용이 부정적이라고 하면 더욱 문제가 된다. 부정적인 감정이 축적되는 경우 그 고통은 더욱 극심해지며, 극심해진 심리적 고통은 더욱 큰 심리적 장애로 확대되기가 쉽다. 그래서 십여 년이 지난 사건에 대해서도 그 고통이 해결되지 않은 채 지속되며, 계속해서 고통을 받다가 오랜 시간이 지난 후에라도 꼭 터지는 이유가 바로 이것이다.

또한 '충동적으로 격하게 표현함'은 전형적으로 가해자들에게 나타나는 행동적 특성이다. 조절되지 않은 채 격하게 표현되는 감정은 문제를 일으키기 쉽다. 평상 시나 심리적 여유와 상태가 좋은 경우에는 감정을 조절하거나 통제하는 능력이 어느 정도 유지된다. 하지만 스트레스가 심해지거나 심리적 여유가 부족해지는 경우에는 감정이 조절되지 않은 채 거칠고 공격적으로 표출될 가능성이 높다. 그리고 이와 같은 거칠고 공격적인 감정은 타인의 감정에 큰 손상을 주게 된다.

특히 이 감정을 표출하는 사람이 리더나 우월적 지위에 있는 사람이라고 하면, 피해자가 입는 정신적 고통의 강도나 피해 수준이 심각해질 수 밖에 없다. 그리고 이로 인해 심한 손상을 받았다면, 나중에 수습하기는 훨씬 어려워진다. 일상적 수준의 사과나 인정만으로는 해결되지 않으며, 아예 얼굴도 보지 않으려고 하거나 사과를 위한 만남 조차도 거부하는 경우가 발생하게 된다.

감정과 사고

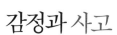

"그 친구가 대화 중에 좀 기분 나쁜 표정을 지었지만, 처음에는 별 생각이 없었어요. 그냥 '내가 뭘 잘못했나?' 하는 생각 정도였어요."

"그런데 가만히 집에 가서 생각을 해보니 '내가 큰 실수를 했나?' 하는 걱정이 들기 시작했어요. 그런데 아무리 생각해도 그렇게 큰 실수나 잘못을 한 것 같지는 않았어요."

"나중에는 너무 화가 나는거에요! 내가 좀 말실수를 했다 치더라도 그렇게 심하게 불편한 티를 낼 필요는 없잖아요! 그동안 정말 내가 그렇게 만만하게 보였나 하는 생각이 들고 내가 너무 일방적으로 잘해주기만 한 것 같아서 억울하기도 했어요!!"

감정과 사고는 서로 밀접하게 상호작용 한다. 감정은 사고에 영향을 미치며, 사고는 다시 감정에 영향을 미친다. 반대로 사고가 먼저 감정에 영향을 미칠 수도 있고 그에 영향받은 감정이 관련된 사고를 확장시키는데 기여하기도 한다.

당연히 기분이 좋거나 심리적 상태가 긍정적일 경우에는 긍정적인 사고를 많이 하게 되거나 균형적이고 합리적인 사고가 가능하다. 어떤 일을 수행할 때 '나는 할 수 있다!'는 자신감을 가지거나 혹은 '노력하면 되겠지!'라고 생각된다. 또한 타인들에 대한 평가 상에서도 딱히 부정적이거나 편향적으로 생각하기 보다는 긍정적 교류나 관계형성이 가능하다고 생각하는 비율이 높아진다. 또한 갈등이나 문제가 발생해도 적극적으로 대응하거나 해결하면 될것이라는 기대가 생긴다.

반면에 기분이 좋지 않거나 심리적 상태가 부정적인 경우에는 반대의 결과를 초래한다. 즉, 스스로에 대한 긍정적 사고가 감소하며 자신감이 줄어든다. 또한 타인이나 주변 환경과의 관계에서도 부정적인 예상이 증가하거나 혹은 위협적으로 평가할 가능성이 높아진다. 그래서 타인의 의도나 행동을 해석할 때에도 부정적으로 해석할 가능성이 높아진다.

역으로 사고 또한 감정에 영향을 미친다. 지대한 영향을 미친다. 그 가장 흔한 예는 바로 한 개인의 성장과정에서 발견할 수 있다. 자녀의 행동에 대해서 긍정적인 칭찬과 피드백을 자주 하게 되면 아이는 긍정적인 자아상을 가진다. 그리고 이와 같은 긍정적인 자아상은 스스로에 대한 자신감과 긍정적 정서를 가져온다. 따라서 아이가 세상에 대하여 긍정적으로 기대하고 우호적 교류를 할 수 있는 밑바탕이 된다. 결국 아이는 정서적으로 좋은 감정들을 많이 경험하게 된다.

반면에 부모가 아이에게 문제점을 많이 지적하고 부정적인 피드백을 많이 하게 되면, 아이는 스스로에 대해서 부정적인 자아상을 가지게 된다. '나는 좋은 사람이다!'라는 생각보다는 '나는 문제가 많은 아이구나!ㅠ'라고 생각하거나 '나는 엄마와 아빠를 힘들게 하는 존재이구나!ㅠ'라는 생각을 하게 된다. 이와 같은 생각은 부모와 함께 있는 경우나, 혹은 다른 다양한 상황에서 위축감과 자신감 저하를 가져오게 된다.

이는 직장 내에서도 동일하게 적용된다. 리더나 주변 사람들이 긍정적인 평가를 많이 하고 칭찬이나 인정을 자주 표현하게 되면 당연히 긍정적인 정서를 가지게 된다. 특히 이런 긍정적인 정서는 신입사원이나 새롭게 조직에 적응하는 것이 필요한 사람들에게 크게 도움이 된다. 또한 자신의 잠재력에 비하여 충분한 성과나 결과를 보이지 못하는 사람에게도 긍정적인 지원을 해주는데 유용하다.

　반대로 부정적인 평가를 많이 하고, 비난이나 질책을 많이 하는 경우에는 당연히 부정적인 정서가 많아진다. 이와 같은 부정적인 정서는 업무 상 효율성과 양질의 성과를 만들어내는데 장애가 되며, 그 결과 실제로 좋은 결과를 도출하지 못한다. 그리고 이로 인해서 더욱 부정적인 평가가 심해지는 악순환이 시작되는 것이다.

　여기에서 '닭과 달걀의 딜레마'가 발생한다. 구성원의 문제나 무능함이 먼저인가, 아니면 리더나 주변 사람의 부정적 평가가 먼저인가의 문제가 발생하는 것이다. 분명한 것 하나는 서로가 잘못이라고 책임을 전가하는 관계에서는 긍정적 해결의 가능성이 없다는 점이다.

　리더나 다른 구성원들이 해당 구성원을 '무능하고 일을 못하며, 팀 전체에 피해를 주었다'고 얘기한다. 그리고 충분한 기회를 주었음에도 불구하고 자신들의 기대나 요구에 맞추지 못하였다고 주장한다. 그래서 현재의 문제들이 발생한 것이고, 해당 구성원이 책임을 져야한다고 말한다.

　하지만 피해 구성원의 입장은 다르다. 자신은 부당한 대우와 취급을 받아왔으며, 리더의 칭찬이나 인정을 받아본 일이 없다고 한다. 그리고 이런 행동이 반복되면서 자신의 심리적 어려움이나 고통이 심화되었다고 생각한다. 그래서 그들, 즉 가해자들이 문제라고 주장한다.

과연 누가 문제인가? 분명한 것은 '서로에게 책임을 돌리고 비난하면서, 스스로 반성하거나 타협하지 않는 상태'가 일차적 문제이다. 그런데 결국 이 또한 감정적인 문제이며, 서로에 대해서 극히 부정적인 감정을 가지고 있다는 것을 반영한다. 따라서 서로 좋은 평가나 잘 해결될 것이라는 기대(즉 긍정적이거나 발전적 사고!)는 감소하게 된다.

즉, 사고와 감정 간의 관계를 정확하게 알고 이해하는 것이 중요하다. 이를 통해 현재 발생하고 있는 문제가 심각해진 과정 자체를 이해하는 것이 가능해진다. 또한 이를 해결하는 과정에서도 중요한 기능과 역할을 한다. 감정이건, 사고이건, 어떤 것이라도 먼저 해결을 해야 궁극적인 문제해결이 가능하다는 것을 보여준다.

결론은 간단하다. 둘 다 동시에 접근하는 것이 제일 좋은 해결방법이다. 그래서 가해자와 피해자가 모두 상담을 받는 것이 필요하다. 가해자는 가해자대로 그동안의 답답함과 갈등으로 인한 스트레스를 해소하고(감정적 해소), 상황을 납득하고 잘못된 생각이나 접근을 이해하며(합리적 사고), 그에 기반하여 새로운 관계와 교류를 형성하는 것(감정과 사고를 활용한 통합적인 문제해결접근)이 필요하다.

또한 피해자의 경우에는 우선적으로 감정적인 해소와 위로가 선행되어야 한다. 왜냐하면 일단 상처받고 손상된 감정이 해결되지 않으면 합리적 사고가 이루어지지 않기 때문이다. 따라서 감정에 대한 적극적인 치유와 해소가 충분히 이루어져야 하며(감정적 해소/가해자의 진정한 사과가 있으면 부정적 감정이 더욱 잘 해소됨), 감정적 해결이 이루어지면 그제서야 합리적 사고나 현실적인 문제 해결 접근(합리적 사고와 문제해결)이 가능해지는 것이다.

감정과 행동

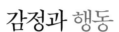

상담가 "병가 동안에 어떻게 지내셨어요?"

내담자 "잘 못 지낸 것 같아요. 아예 집 밖에 나가지를 않았어
요. 처음에는 그나마 친구들이 집에 찾아오기도 했는
데, 그마저도 나중에는 귀찮더라구요. 그냥 집에 틀어
박혀서 있으니 더 기분이 안 좋아지는 것 같았어요.
편의점에 가서 간단한 먹을거리들을 사오는 정도만
하고 지냈어요"

상담가 "그래서 푹 쉬고 나니 기분 변화가 있었나요?"

내담자 "아니오. 오히려 더 우울해진 기분이에요. 잠도 잘 못
잤어요. 일단 그 때 일이 생각나면 화가 더 치밀어 오
르고, 하루 종일 그 생각이 떠나지 않는 날도 많았어
요. 그럴수록 친구들 만나기도 귀찮아지고, 밖에 나가
기는 더 싫어지더라구요"

감정은 행동에도 큰 영향을 미친다. 감정은 단지 심리적인 측면 뿐만 아니라 신체적인 기능이나 상태와도 관계가 있으며, 실제적인 행동 반경이나 활동 수준을 결정하는 데에도 크게 영향을 미친다.

부정적 감정상태인 경우에는 신체적인 문제들이 발생할 수 있다. 전형적인 부정적 감정인 스트레스는 다양한 신체질환의 원인이나 악화요인으로 작용한다. 특히 부정적 감정이나 스트레스는 두통이나 위장계통의 질병, 그리고 심혈관계 질환과 관계가 높은 것으로 알려져 있다.

그런데 감정적 문제들은 단순히 신체적인 증상들을 유발하는 이상으로 행동 자체에도 영향을 미친다. 기분 상태가 좋거나 마음이 즐거우면 당연히 활동성이 높아지게 된다. 산책이나 운동과 같은 외부적 활동이 증가하며, 이로 인한 즐거움이나 만족을 느끼는 수준도 높아진다.

반면에 심리적으로 우울하거나 감정적 상태가 부정적으로 되면, 이와 같은 외부적 활동 자체가 적어진다. 외부적 활동이 적어진다는 것은 다양한 활동을 통해 얻어왔던 만족이나 즐거움을 얻을 기회 자체가 적어진다는 것을 의미한다. 예를 들어, 그나마 우울한 기분을 떨치거나 혹은 기분 개선에 매우 유용한 친한 사람들과의 만남이나 교류 자체도 감소할 가능성이 높아진다. 왜냐하면 아예 집 밖에 나가는 것 자체가 귀찮게 느껴지기 때문이다.

실제 '직장 내 괴롭힘'의 피해자들은 심각한 우울감을 경험하는 경우가 많다. 또한 이와 같은 우울감으로 인하여 출근 자체도 힘들어 하며, 소위 가해자들과 얼굴을 보는 것 자체가 부담스러운 경우도 많다. 게다가 인사팀이나 감사팀 면담 등으로 인하여 주관적으로는 '시달린다'고 느끼기도 한다.

이 때문에 문제가 발생한 후 병가를 내는 경우가 자주 있다. 그러나 이것은 심리적 차원에서 보면 긍정적인 기대효과보다는 부정적인 영향이 더 크다. 특히 2주 이상의 장기 휴가의 경우에는 더욱 그렇다. 왜냐하면 피해자들이 경험하는 부정적 정서로 인하여 활동성 자체가 감소할 가능성이 현저하게 높아지기 때문이다.

'직장 내 괴롭힘'의 피해자의 경우에는 심리적 및 정서적으로 큰 상처를 입은 사람들이다. 마음에 큰 손상이 생긴 것이다. 그렇다면 이에 대한 즉각적인 치료와 관리가 필요하다. 그런데 긴 병가의 경우에는 이와 같은 치료와 관리가 이루어지지 않을 가능성을 높인다. 심한 우울감이나 부정적 정서로 인하여 치료를 받으러 다니는 행동 자체도 회피하는 경우가 많기 때문이다.

따라서 단기적으로 며칠 동안 휴식을 취하는 것 정도는 괜찮으나 적극적인 치료와 개선 활동을 했는지를 확인하거나 관여하기 어려운 장기휴가는 바람직하지 않다. 혹은 병가를 가더라도 반드시 정기적인 면담이나 정신과나 심리치료 등과 같은 치료적 활동

에 참가하겠다는 다짐과 약속을 받는 것이 필요하다. 이는 조직
차원에서의 문제가 아니라 해당 개인 차원에서 더욱 필요한 중요
한 문제이다. 적절한 치료가 병행되지 않으면 마음의 상처와 정신
적 손상은 더욱 심화될 가능성이 높기 때문이다.

근로 기준법 제76조(2항)

사용자 또는 근로자는

직장에서의 지위 또는 관계 등의 우위를 이용하여

업무상 적정 범위를 넘어

다른 근로자에게

신체적·정신적 고통을 주거나

근무환경을 악화시키는 행위를

하여서는 아니 된다

PART 4

'괴롭힘'이란
무엇인가?

어떤 것이 "괴롭힘"인가?

과거의 기억 하나.

중학교 시절 우리 학교에는 축구부를 비롯한 운동부들이 있었다. 그 당시 나름대로 운동에 대한 관심이 많았지만, 운동부 근처에도 가지 말아야 한다고 결심하게 된 계기는 운동 자체가 아니라 운동부 내에서 이루어지는 폭력이었다. 훈련의 일부로써 엄청난 폭력이 자행되고 있었으며, 그 당시 기준으로도 무시무시한 공포가 느껴질 정도였다. 그것이 무서워서 축구부를 비롯한 운동부 근처에는 얼씬도 하지 못했다.

과거의 기억 둘.

학창시절 가출을 했던 친구가 담임선생님에게 잡혀 온 날이었다. 그 선생님은 아이들이 모두 보는 앞에서 아이의 옷을 모두 벗긴 채 대걸레 자루로 수십대를 때렸다. 우리는 아무 말도 못한 채 숨죽이며 그 장면을 보면서 극심한 공포를 느낄 수밖에 없었다. 마지막에 선생님께서는 우리를 보고 말씀하셨다. '가출하고 싶으면 해, 대신 나에게 잡히지 마라!'라는 한마디를 던지셨다. 우리는 아무런 저항이나 문제의식도 가지지 못한 채, 극심한 두려움 속에서 '가출하면 맞아죽겠구나'라는 생각만이 머리에 가득했다.

'직장 내 괴롭힘 금지법'과 관련하여 다양한 의견이 나오고 있다. 한편에서는 반드시 필요한 법이며, 이 법으로 인하여 우리가 하루 중 대부분의 시간을 보내는 직장에서의 심리적 환경이 개선될 것이라는 기대가 높아졌다. 그리고 직장 내에서 상사와 부하, 그리고 동료들 간에 이루어지는 불합리했던 관행들도 감소할 것이라 예상된다.

반면에 걱정과 우려도 많은 것이 사실이다. 그동안 관습적으로 인정되고 용인되어 오던 많은 행동들이 법적인 테두리에 포함이 되면서, 과연 어떤 것이 '괴롭힘'이고 어떤 것은 '괴롭힘'이 아닌지 등에 관한 혼란도 크다. 그리고 이런 혼란과 걱정은 이 법이 안착되는 시기까지는 아마도 계속될 것임에 틀림없다.

이 법과 관련된 다양한 견해와 논란의 핵심에는 과연 '직장 내 '괴롭힘'이란 무엇인가?'라는 질문이 자리잡고 있다. 왜냐하면 '괴롭힘'을 어떻게 정의하는지에 따라서, 그 범위나 수준이 결정되기 때문이다. 그리고 그에 따라서 우리가 별 생각없이 해오던 행동들 중 일부는 소위 '범법'이 되며, 또 다른 행동들은 계속해서 '허용'될 수도 있다.

근로기준법 상 "직장 내 괴롭힘 금지법"과 관련된 내용에는 '사용자 또는 근로자는 직장에서의 지위 또는 관계 등의 우위를 이용하여 업무상 적정 범위를 넘어 다른 근로자에게 신체적 · 정신적 고통을 주거나 근무환경을 악화시키는 행위(이하 "직장 내 괴롭힘"이라 한다)를 하여서는 아니 된다.'라고 기술하고 있다.

그런데 여기서 문제는 "업무 상 적정 범위"는 어디까지 해당되며, "신체적 및 정신적 고통" 및 "근무환경을 악화시키는 행위"의 궁극적 개념은 무엇인지가 이슈가 된다. 그 중에서도 "신체적 및 정신적 고통"이라는 것은 상당히 주관적인 요소가 크기 때문에 더욱 논란이 생길 것이 분명하다. 실제 내용 상에서 이에 대하여 구체적으로 정의하지 않은 채 모호하고 일반적인 표현으로 놔두었기 때문에 향후 조직 내에서나 인사적 차원 및 법률적 차원에서 상당한 혼란과 이슈가 될 가능성이 높다.

만약 이와 같은 애매한 내용들이나 혹은 핵심적 문구에 대한 해석이나 정의가 명확하게 이루어지지 않는다면, 본래 의도했던 법의 취지를 제대로 살리지 못하고 불필요한 심리적 에너지만 소모될 가능성이 높다. 반면에 좀 명확하고 구체적으로 개념을 정의하고 정교화한다고 하면 분명히 우리 사이에 존재하는 불합리하고 없어져야 할 관행들이 건강한 방식으로 바뀌는데 틀림없이 기여할 것이다.

이 중에서도 문제가 되는 몇가지가 있다. 그 첫번째는 '적정범위'라는 표현이다. 과연 어디까지 '적정범위'인지에 대한 정의와 개념이 명확해질 필요가 있다. 음식을 할 때 가장 어려운 것이 바로 '적당히'이다. '양념을 얼마나 넣어야 되요?'라는 질문에 대해서 '적당히'라고 대답하면, 대체 어떻게 하라는 얘기인가? 이와 유사하게 가장 애매할 수 있는 부분이 '적정범위'이다.

두번째는 '신체적 및 정신적 고통'이 무엇인가이다. 특히 그 중에서도 신체적 고통이라는 것은 비교적 분명한 반면 '정신적 고통'이라는 것은 보는 관점과 입장에 따라 큰 차이를 보일 수 있다. 왜냐하면 '정신적'인 것은 가시적인 개념이 아니기 때문이다. 그래서 논란이 생길 수 밖에 없다.

세번째는 '업무 상', 즉 업무 관련성 여부이다. 어느 범위와 수준까지를 '업무 상'으로 볼 것인가에 관해 명확히 선을 그어주어야 한다. 상사가 보는 '업무 상' 범위와 구성원이 보는 '업무 상' 범위는 판이하게 다르다. 이에 대한 분명한 구분법을 알아야 한다.

"적정범위" VS "적정범위를 넘어서는 행동"

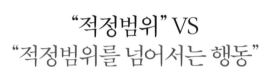

어느 상사의 독백

"요즘 친구들은요, 정신력이 너무 약한거 같애요! 헝그리 정신이 없어요!! 아니 뭐 조금만 뭐라고 해도 풀이 죽지를 않나, 좀 세게 말하면 폭언이라고 하지를 않나!! 정말 해병대 훈련 한번 찐하게 다녀와야 한다니까요!"

어느 사원의 독백

"왜 회사에서 해병대 훈련을 운운하는거죠? 지난 번 산악대회도 정말 이해가 안갔어요! 저는 정말 산타는 것과 업무 능력이 무슨 상관이 있는지 정말 이해가 안되구요, 해병대 훈련 가라고 하면 저는 그냥 사표 쓰려구요!"

얼마 전 친구를 무자비하게 폭행하면서도 랩을 부르거나 장난처럼 폭력을 가하는 동영상이 알려져서 큰 공분을 일으킨 적이 있다. 결국 피해자는 사망하였으나 가해자들은 별로 죄책감을 보이지 않았으며, 이로 인해 사람들은 더욱 분노하였다.

그런데 우리는 주변에서 이와 유사한 현상들을 자주 볼 수 있다. 학교폭력이 발생한 경우, 가해자들은 친구와 친하게 지내는 과정 중의 "장난"이었다고 한다. 그리고 가해자의 부모들은 '애들끼리 놀다가 생긴 일인데 그런 걸 가지고 뭐라고 하느냐?'라고 반문한다. 또한 자녀에 대하여 체벌을 가하는 부모들은 "내" 자녀가 잘되라는 의미로 "매질"을 하는 것이라고 한다. 혹은 '올바른 인간'이 되도록 엄격하게 양육하는 것이 맞다고 한다.

직장 내 상사는 '성과향상'을 위해서 어느 정도의 '괴롭힘'은 어쩔 수 없다고 얘기하며, 부하직원의 '역량향상'을 위해서 독려한 것일 뿐이라고 한다. 그래서 '각성하고 잘되라는 의미'에서 큰 소리를 좀 냈다고 한다. 동료를 따돌리고 괴롭히는 사람들은 그가 '일을 잘 못하고 결국 나에게도 피해가 오기 때문'이라고 한다. 내가 그 사람 때문에 훨씬 더 많은 피해를 입었으니, 나도 그 정도의 '분노 표현' 정도는 해도 되지 않느냐고 한다.

그렇다면 이런 명분들이 있다면, 그리고 이런 명분들이 합당하고 인정된다면 그들의 행동이 정당하다고 말할 수 있는가? 그렇지 않다. 아무리 나름대로의 근거가 있다고 해도 그에 대한 반응의 범위는 "적정 범위" 이내여야 한다.

친구들 사이의 장난도 '상식적으로 납득할 수 있는 적정범위' 이내의 장난이어야 하다. 상대방이 느끼기에도 충분히 장난이라고 생각할 수 있어야 하며, 상대방도 그에 상응하는 행동을 할 수 있으면 그것은 '적정범위'이다. 상대방의 행동으로 인하여 극심한 신체적 및 정서적 고통을 겪는 정도이며, 상대방의 장난에 맞대응을 할 수 없을 정도의 공포와 두려움을 겪는 경우라는 이는 '장난'의 범위를 훨씬 넘어선 것이다.

부모의 의도가 아무리 좋더라도 아이가 두려움에 떨며, '엄마! 잘못했어요 ㅜㅜㅜ'나 '아빠! 다시는 안 그럴께요 ㅜㅜㅜ'라고 엉엉 울 정도 되면 이것은 절대 건강한 방법이 아니다. 이 정도 되면 아이들은 심리적으로 큰 상처를 받을 것이 분명하며, 추후에 큰 후유증이나 문제를 겪을 수 있는 수준이다. 이 정도 되면 이것은 '적정범위'를 넘는 것이다. 그것은 명백한 "학대"이다!

직장 내에서 이루어지는 '괴롭힘'도 마찬가지이다. 자신이 부하였을 때를 떠올려 보라. 자신이 정말 고통스럽고 아팠던 기억들이 있는가? 책상을 내리치며 큰 소리로 많은 사람들 앞에서 호통을 치는데도 참고 있어야만 했던 기억들이 있는가? 그 때 당신의 기분과 감정은 어떠했는가? 혹시 '내가 리더가 된다면 절대 저렇게 하지 말아야지!'라고 굳은 결심을 하지 않았던가?!

그런데 상사의 호통과 비난에 상처받았던 사람들이 막상 상사가 되고 나서 부하들에 대해서 똑같이 호통을 치고 마음에 상처를 남기는 행동을 자주 반복한다. 즉 직장 내 폭언과 감정적 대응의 피해자였던 사람들이 어느 순간 가해자의 행동을 따라서 반복하고 있는 것이다. 자신이 당해서 힘들고 고통스러웠던 기억이 있는 행동들은 '적정범위'를 넘어서는 것이다.

왜냐하면 호통을 치거나 혼내는 것 외에도 다른 대안적 방법들이 충분히 있기 때문이다. 일을 잘 하지 못하는 부하나 동료에 대해서 충분히 일을 할 수 있도록 지원하고 배려해 주었는가에 대해서부터 철저히 검증해야 한다. 혹은 당신이 호통을 치고 윽박을 지르는 행동을 통해서 상대방이 일에 집중하고 효율성을 높이는 데 도움이 된다고 하면 그래도 타당한 명분이 될 것이다. 그런데 과연 당신의 감정적 대응과 호통이 상대로 하여금 일을 잘 할 수 있도록 지원해주는 기능을 하는가, 아니며 오히려 위축되고 긴장해서 더 일을 못하게 될 것 같은가?!

종합해 보면, '적정범위'의 핵심적 요건은 '사회적 통념 상의 상식'에 맞아야 하며, 상대방에게 '극심한 고통이나 위해'를 주지 않아야 한다. 이것이 바로 '적정범위'이다. 역으로 보면, 상식적 관점에서 '너무 했네!' 혹은 '잘못했네!'라고 판단이 들거나, 어찌되었건 상대방이 극심한 고통을 겪는다면 그것은 '적정범위'를 넘어서는 것이다.

그런데 이 상식적 수준이라는 것이 피해자와 가해자의 판단이 다를 때 문제가 발생한다. 가해자들은 (가해)행동을 했던 범위를 상식적 수준이라고 주장한다(자녀에게 매를 들거나, 상사가 호통을 치거나, 업무 무능력에 대하여 비판하거나 등). 그러나 피해자 입장에서는 이를 상식적 수준에서 벗어나는 "정서적 고통"을 주는 행동으로 인지하게 된다.

'적정범위'였는지에 대한 판단에서 중요하게 고려되어야 하는 것은 가해자의 명분보다 피해자의 지각이 더 중요하게 고려되어야 한다. 이는 다른 유사 법률에서도 그대로 적용이 된다. '성희롱'과 관련하여서도 가해자들은 '좋은 마음으로', '부정한 의도없이', 혹은 '친하다고 생각해서 편하게 대하다 보니' 가해행동을 한다. 그러나 이런 접근으로 인하여 피해자가 '안 좋은 마음'이 되거나, '성적 수치심'을 느끼거나, '친하고 싶지 않거나 편하게 대하는 것을 원하지 않는다'면 문제가 된다. 그래서 모든 피해자 보호와 관련된 법률들은 '피해자의 입장과 상태'를 중심으로 문제 여부를 판단하는 경향을 보인다.

"정신적 고통" VS "그 정도가 무슨?!"

선배   "저도 솔직히 신입사원 시절에 정말 많이 당했습니다. 거의 매일 퇴근 후에 술자리에 끌려 다녔구요, 심지어는 돈도 제가 내는 경우가 더 많았습니다. 정말 그 때는 칼을 갈았지요. 내가 정말 선배가 되면 절대로 안 그럴 것이다! 정말 잘해줘야지!! 그래서 저는 후배들하고 한잔 할 때 제가 다 돈 냅니다!!!"

후배   "저는 정말 그 선배랑 술먹는거 싫어요. 일단 먹었다 하면 1-2시가 기본이구요. 그 전에 가려고 하면, '자기성의'를 몰라준다고 하면서, 자기가 신입사원 시절에 얼마나 힘들었는지, 그래서 자기는 얼마나 좋은 선배인지, 일장 연설을 시작하는데… 정말 미치겠어요! 제가 볼 땐 둘 다 똑같아요. 둘다!!"

또 한가지 중요한 판단 기준은 "신체적 및 정신적 고통"이 무엇인지에 관한 것이다. 이와 같은 '고통'을 어떻게 정의하고, 누구의 판단을 기준으로 할 것인가가 핵심적 이슈 중 하나이다.

실제로 조직 현장에서 가해자와 피해자를 면담해 보면, 가해자의 진술과 피해자의 진술에서 큰 온도 차가 발생하는 경우가 많다. 가해자들은 '그럴 수밖에 없을 정도로 피해자가 무능하고 문제가 있었다!'라고 기술한다. 그러나 피해자는 '부당한 대우를 받았으며, 가해자(들)가 너무 괴롭혔다!'로 말한다. 과연 어떤 것이 맞는 말인가?

회사 내에서 업무를 보는 과정 상 당연히 '스트레스'를 받는다. 그리고 모든 관계에서는 갈등이나 문제가 발생하며, 이로 인한 '대인관계 스트레스'를 받게 된다. 이는 회사뿐 아니라 다른 모든 곳에서도 발생한다. 학교 다닐 때에는 학업 스트레스라는 것이 존재하며, 친구들과의 갈등이나 문제들이 발생할 수밖에 없다.

그럼 이와 같은 필연적으로 발생하는 "정상 범위의 스트레스"와 문제가 될 수 있는 "신체적 및 정신적 고통"은 어떤 차이가 있는가? 이 중에서도 신체적인 고통과 관련해서는 아예 논의 자체가 필요하지도 않다. 왜냐하면 너무 명백하기 때문이다. 그리고 이와 같은 신체적인 고통을 주는 행위는 이미 다른 기타 법률에서 금지하고 있는 바이다. 문제와 논란이 생길 수 있는 부분은 바로 '정신적 고통' 부분이다.

　이를 판단하는데 고려해야 하는 핵심적인 두가지 이슈가 있다. 그 첫번째는 정신적 고통의 "심각성 수준"이며, 두번째는 "업무 관련성" 여부이다.

　첫번째 "심각성 수준"은 고통의 정도와 결과적인 상태를 지칭하는 것으로써, 가해자의 의도나 가해수준과 상관없이 피해 정도가 심각하면 일단 문제이다. 그 의도가 정상적 범위의 업무활동이건, 아니면 역량향상을 위해서였건 간에 그로 인한 정서적 고통의 정도가 심각하면 문제이다. 심각한 수준이라 하면, 일상적 생활을 하기 어려운 정도나 혹은 정신과적 질병을 얻게 되는 수준 정도를 말한다.

　심각성 수준에 대한 판단과 관련하여 현장에서 자주 부딪치는 반론 두가지는 '그렇게 심하게 대하지 않았다!'와 '원래부터 좀 이상했다!'이다. 즉 (가해자 입장에서의) 객관적인 판단에서는 그렇게 '심한 문제를 야기할 정도의 실제적인 위해'를 가하지 않았으며, '원래부터 취약성을 가지고 있었다!'라고 주장하는 것이다. 그리고 이런 논란들은 실제로 문제가 발생하여 인사위원회나 혹은 법적인 문제로까지 확대되었을 때 더욱 이슈가 된다.

우선 '심하게 대하지 않았다!'와 관련된 부분은 가해자의 진술보다는 피해자의 지각이 더 중요하다. **실제 행동 수준 여부와 상관없이 심각성 여부를 결정하는 것은 피해자에게서 나타나는 실제적인 피해 정도가 더 중요하다.** 피해자가 심한 정신적 고통을 입었다고 하면 그것은 상처를 입은 것이다. 반론의 여지가 별로 없다. 특히 발생한 사건과 관련하여 피해자가 '우울증'이나 '공황장애' 등과 같은 정신과적 진단을 받았다면 그것은 100% 심각한 것이며, 그에 상응하는 보호조치와 관리가 필요하다.

이에 대하여 '원래부터 이상했다!'라고 반론하는 경우들도 자주 발생한다. 즉 실제적인 위해 정도가 심하지 않았음에도 불구하고 심각한 손상을 보이는 것은 '원래부터의 취약성을 가지고 있었기 때문이다!'라고 주장하는 것이다. 그리고 그 증거로 사건이 발생하기 이전부터 보였던 문제행동들을 그 증거로 제시하는 경우들이 있다. 특히 이런 논란들은 실제로 문제가 발생하여 인사위원회나 혹은 법적인 문제로까지 확대되었을 때 더욱 이슈가 된다.

이에 대한 결론은 비교적 간단하다. **심각성 여부를 결정하는 것은 피해자에게서 나타나는 실제적인 피해 정도가 더 중요하며, 원래부터 취약성을 가지고 있다는 점은 증명하기 어렵다는 것이다.** 만약 친한 친구를 길에서 만나 반가운 마음에 어깨를 툭 쳤다. 그런데 그 친구의 팔이 부러졌다. 그 친구의 팔이 원래부터 약했는지, 혹은 원래는 튼튼했던 팔이었는지는 별로 문제가 되지 않는다. 궁극적으로 팩트는 "내가 그 팔을 건드린 후 팔이 부러졌다"는 것이 중요하다. 앞에 가던 차를 살짝 들이받았는데, 뒤쪽범퍼가 아예 내려앉아버렸다. '뒤에서 보아하니 원래부터 떨어질 범퍼였습니다!'라는 변명이 통하겠는가?

'적정범위'였는지에 대한 판단 과정에서도 가해자의 명분보다는 피해자의 지각이 중요하며, 성희롱과 관련된 판단에서도 가해자의 의도나 목적보다는 피해자가 느끼는 수치심이나 성적 모멸감이 더 중요하다. 마찬가지로 정신적 고통이 심했는지에 대한 여부를 판단하는데에는 피해자의 실제적인 손상 수준이 더 중요한 판단기준이 된다. 만약 이를 가해자가 이를 인정하지 않고 가해자 입장만을 주장하면서, '그리 심하게 대하지 않았는데, 저런다!'라고 말하는 순간 이는 2차 가해를 주는 것이 된다.

'업무 상' VS '사회적 통념에 비추어 상당하지 않은 행위양태'

"제가 제일 힘든 거는 주말에 불러내는 거에요. 정말 돌아버리겠어요ㅠ 처음에는 좋은 마음으로 불러주시는 것이고, 저도 또 왠지 챙겨주는 것 같아서 감사한 마음으로 나갔죠. 그런데 매주 일요일 저녁마다 불러서 같이 저녁먹고 술먹고… 결국 월요일에 너무 피곤한거에요. 한번은 너무 힘들다고 말했죠. 그랬더니 그 다음부터는 빼져가지고 일주일 내내 저한테 왠지 퉁명스럽게 대하는데… 차라리 그냥 일요일을 포기하고 주중에 편하자는 생각으로 그냥 맞춰주고 있어요."

정신적 고통 여부를 판단하는데 고려해야하는 핵심적 이슈 두번째는 '업무 관련성' 여부이다. 업무와의 명확한 관련성이 분명하며, 정해진 업무 수행 범위 내의 문제라고 하면 큰 문제가 없다. 그리고 제정된 법 내용에서도 '사적 심부름 등 개인적인 일상과 관련된 일을 하도록 지속적, 반복적으로 지시'하거나 '개인사에 대한 뒷담화나 소문을 퍼뜨림' 등은 명백하게 금지하고 있다. 그런데 명백하게 "업무 관련성"이 있어 보이는 상황에서의 구체적인 사안들로 들어가면 이 문제가 그리 간단하지 않다.

우선 "업무를 수행하는데 있어서 업무적으로 필요하고 요구되는 범위 이외의 행동"들은 당연히 문제가 된다. 그런데 생각보다 이런 행동 자체가 상당히 많으며, 실제로 문제가 되기도 한다. 그 중 전형적인 몇가지 유형은 "감정적인 대응"과 "개인적 영역에 대한 비난" 등이다. 즉, **"업무적 영역을 지적하면서 업무 외적 자질이나 특성과 연관지어, 필요 이상의 부정적인 감정을 포함하여 비난"**하는 것이다.

예를 들어, 부하직원의 업무 상 문제를 지적하면서 '너는 왜 그러니 정말! 너는 대체 상식이 있는거야? 어떻게 그렇게 행동할 수 있어? 그 정도 되면 너 스스로 문제를 깨달아야 하는거 아니야?'라고 말하는 순간 문제가 발생한다. 왜냐하면, 업무 관련된 이야기를 하면서 '업무 외적 개인적 비난'(상대방의 상식 여부에 대한 비난)과 '업무적 행동 외의 근본적인 태도나 특성의 문제'(특정 문제 행동을 과도하게 일반화하여 상대방의 특성까지 확산적으로 비난)까지 비난하였기 때문이다.

또한 '너는 정말 인간적으로 실망이야!'나 혹은 '내가 너 개인적으로는 정말 싫은데, 그래도 업무를 해야 되니까…'라는 말도 업무 상 필요가 없는 말이기 때문에 문제가 된다. 회사는 기본적으로 인간적인 관계나 교류가 메인이 아닌 곳이며, 개인적 선호 여부와 상관없이 업무를 수행하는 장소이기 때문에 개인적 선호 여부를 표현하는 것 자체가 일반적인 사회적 통념을 벗어난 문제가 되는 것이다

종합해서 보면, 회사란 업무를 수행하는 곳이기 때문에 업무적으로 필요한 수준에만 집중해서 소통하고 교류하는 것이 정답이다. 그 범위를 넘어서서 긍정적 교류나 관계가 이루어지는 것은 문제가 없다. 하지만 부정적인 교류나 관계가 발생하는 것은 문제이다.

단, 여기에서 '긍정적 교류나 관계'의 정의는 "모두가 동의하는 긍정적"이어야만 한다. 상사만 긍정적으로 생각하고 부하는 부정적일 수 있다는 점을 반드시 고려해야 한다. 그것을 충분히 고려

하지 않은 채 한쪽의 입장에서만 '긍정적'이라고 생각하면 문제가 된다. 그리고 그 한쪽이 상사라면 그것은 상사의 전형적인 '업무상 갑질'이 된다.

즉 절대적으로 업무 관련성이 분명한 범위 내에서만 대화를 하는 것이 필요하며, 그 범위를 넘어서는 순간 사회적 통념에 비추어 상당하지 않은 행위양태가 되기 쉽다. 업무적 소통의 내용은 업무에 국한되어 있어야 하며, 행동이나 특성에 관한 논의도 업무 관련성 부분에 제한되어야 하고, 그 표현방식도 업무적으로 주어진 수준 내에서만 이루어져야 하는 것이다. 이 범위를 벗어나면 문제가 된다. 이는 감정적 대응이나 필요 이상의 심각한 정서적 고통을 유발하는 행위이다.

1. 감정적인 분노

2. 개인적 영역에 대한 평가와 개입

3. 행동이 아닌 특성을 언급하는 비난

4. 사적 보복행위

5. 일방적인 업무 배제

6. 집단 따돌림

7. 정당한 절차를 거치지 않은 퇴사 강요

PART 5

직장 내에서
절대 해서는 안되는
7가지 행동

감정적인 분노

"저를 회의실로 오라고 하더라구요. 들어갈 때부터 오늘 또 죽었구나 생각이 들었어요. 들어가면서부터 저를 노려보는데, 벌써 화가 가득한 표정이었어요. 그 순간부터 뭐 저는 덜덜 떨고 나온 기억 밖에 없어요. 저한테 계속 소리 지르고 호통을 치면서 뭐라고 하기는 했는데, 저는 너무 무서워서 그냥 '네네'라고 대답하면서 울다가 나왔어요 ㅠㅠ"

결국 모든 직장인도 사람인데, 화가 날 수 있다. 그리고 화가 나면 누구라도 감정에, 특히 부정적인 감정에 휩싸이게 된다. 그리고 어쩔 수 없이, 직접적이든, 간접적이든, '화가 났음'이 행동이나 말투에 드러난다. 하지만 내적으로 감정적인 화가 나는 것과 이를 그대로 표현하는 것은 다른 문제이다.

얼마 전 모 그룹 일가들이 화가 나서 고래고래 소리를 지르며 사람들을 윽박지르고 물건을 집어던지는 사건이 있었다. 이에 대한 당신의 반응은 어떠했는가? '저럴 만도 하지.. 얼마나 열 받았으면 저런 정도로까지 화를 냈겠어? 부하직원들이 잘못했네!!'라고 해석했는가, 아니면 '아무리 그래도 그렇지, 인간이 어쩜 저런 행동을 하나?! 사람이 못돼먹었군! 기본이 안된 사람이네??!!'라고 해석했는가?

아무리 부하직원이나 동료가 잘못하거나 문제가 있더라도 감정적인 분노를 보이는 것은 무조건 잘못이다. 이는 화를 유발한 상대방의 문제나 잘못을 덮을 정도로 문제의 본질을 흐리며, 모든 책임과 비난이 화를 표현한 사람에게 향하도록 하거나 둘 다 망하는 결과를 초래한다.

그 전형적인 예가 바로 '보복운전'이다. 운전을 하다 보면, 화가 나는 경우가 자주 있다. 나의 입장에서는 상대방이 "분명히" 그리고 "확실하게" 잘못을 했다고 생각하니 화가 나는 것이다. 그렇다고 해서 창문을 열고 고래고래 소리지르며 욕을 하면 어떤 결과가 생기겠는가? 아마도 틀림없이 상대방도 창을 열고 같이 욕을 할 것이며, 서로 열받아서 차를 세우고 멱살이라도 잡는 순간 둘 다 경찰서에 끌려가 쇠고랑을 차는 결과가 올 것이다.

앞서 예를 들었던 모 그룹 일가의 그분이 '저는 정말 억울합니다! 우리 직원들이 진짜 잘못을 했다니까요?! 내용을 좀 알고 얘기하세요!!'라고 답한다면 어떻겠는가? '아! 듣고 보니 그렇네요.', 혹은 '당신이 그렇게 화날만한 입장이 이해가 됩니다.'라고 반응할 것인가?

절대 그렇지 않을 것이다. 아마 감정적인 분노를 보인 사람의 설명을 아예 들으려고도 하지 않을 것이다. 오히려 과도하게 화를 내고도 남탓을 하는 사람에 대해서 문제가 더 심각한 사람이라고 느끼고, 반성조차도 없는 구제불능이라고 생각할 가능성이 높다.

즉 감정적인 분노는 어떤 상황에서도, 그리고 누구를 대상으로 하더라도 파괴적이고 부정적인 결과를 가져온다. 그래서 어떤 경우라도 감정적인 분노는 잘못된 행동이다. 구조화된 상황에서의 합법적인 분노 표현(즉, 권투나 격투기 등)이 아니라면 감정적인 분노 표현은 필연적으로 서로의 감정에 상처를 입히고 행동적 문제를 유발한다.

이는 부모 자녀 간에도 하지 말아야 할 행동이며, 부부 간에도 절대 금지사항이다. 또한 교사가 학생에게도 이런 감정적인 분노를 표출하면 안 된다. 하물며 일을 목적으로 모인 공적이며 이차적인 관계인 직장 내에서는 더욱 금기사항이다. 절대로 하지 말아야 할 행동이다. 그래서 분노를 조절하는 것이 훌륭한 능력이며, 분노를 해결하거나 실제적인 문제해결을 할 수 있는 다양한 방법들을 활용할 수 있어야만 한다.

개인적 영역에 대한
평가와 개입

"저는 제일 황당한게 휴가 간다고 하면, '왜 휴가를 가?'라고 하는데 정말 어이가 없었어요. 그러면서 '어우~ 요즘 한가한가보네~'라고 말하는 순간 가야되나 말아야 되나 정말 고민하게 되요. 제일 싫은 것은요, '누구랑 가?'라고 묻는데, 정말 이걸 대답해야 하나 싶더라니까요. 제가 머뭇거리니까 비꼬듯이 '대답 못하는 걸 보니 애인이랑 가나보네~ 좋은 시간 보내고 와~'라고 하는데 소름이….'

두번째 금지 사항은 개인적 영역에 대한 평가와 개입이다. 특히 공적 관계이며 성과를 위해 모인 목적 집단인 직장 내 관계에서, 개인적 영역에 대한 과도한 평가나 개입은 절대 하지 말아야 할 영역이다.

개인적 영역에 대한 잘못된 언급 중 가장 전형적인 사례는 바로 부모를 빗대어 말하는 것이다. '친구'라는 영화의 명대사인 '느그 아부지 뭐하시노?'가 가장 대표적인 사례이다. 실제 상담 사례 중에는 '너를 낳고도 너희 부모님은 좋다고 미역국 드셨겠지!'라고 말하는 상사도 있었다.

이는 개인적 영역에 대한 비난을 넘어서 근본적인 인격을 짓밟는 행동이다. 상대방의 개인적 영역에 대해서 비난하는 순간 전투는 확대되며 전면전으로 치닫게 된다. 영화에서도 결국 학생이 선생님에게 대드는 돌발적 행동이 나오지 않는가?!

만약 누군가와 싸우면서 둘 다 끝장나고 망가지고 싶으면 이와 같은 표현을 쓰면 된다. 개인적 영역을 심하게, 그리고 부정적인 측면에서 후벼 파라!! 그 순간 상대는 목숨 걸고 싸우려고 달려들고 큰 싸움으로 번져서 둘 다 확실한 손해를 볼 것이다.

물론 부모를 운운하는 정도로 심하게 개인적 영역을 건드리는 비난을 실제로 하지는 않을 것이다. 하지만 저와 같은 표현과 유사한 수준의 개인적으로 모욕적인 발언을 하거나 혹은 같은 맥락의 개인적 차원의 비난을 하는 경우는 자주 발생한다. 예를 들어 '정말 너한테 인간적으로 실망이야!'나 '너한테 너무 배신감이 들어!'라는 표현 등도 문제가 된다.

특히 대화의 배경이 직장이나 공적인 자리라면, 긍정적이거나 부정적인지 여부와 상관없이 개인적 영역에 대한 언급자체가 문제가 될 수 있다. 왜냐하면 이와 같은 표현들은 사적인 관계에서 통용되는 표현이지, 직장과 같은 공적이며 목적적으로 구성된 이차적 관계에 적용되는 표현은 아니기 때문이다. 그리고 이에 대해서 상대방이 불편하게 느낀다면 그것은 문제가 될 수 있다. "업무적 영역 외적으로 심리적 불편감"을 느낄 가능성이 높기 때문이다.

예를 들어, 개인적 일정인 휴가의 내용에 대해서 세부적으로 질문하거나 혹은 애인이 있는지, 무슨 일을 하는지, 언제부터 사귀었는지 등을 자세하게 캐는 것은 문제이다. 또한 본인이 말하고 싶거나 피하고 싶어하는 집안 정보나 과거 이력 등에 대해서 깊이 있게 묻는 것도 불편감을 유발할 수 있다.

그런데 이런 일이 생각보다 자주 일어난다. 왜냐하면 현재의 리더급들이 사회생활을 시작할 때에는 조직문화가 '옆 자리 동료의 집에 숟가락이 몇 개인지도 서로 아는 사이'가 기본이었기 때문이다. 그 때에는 이사를 하게 되면 다 같이 가서 짐을 날라주었으며, 고마운 마음에 집들이를 하였다. 그리고 이렇게 돈독해진 관계들은 이후 돌잔치부터 시작해서 서로의 부모님 환갑이나 칠순이면 화합과 상부상조의 극을 달했다. 즉 직장동료가 단순히 직장에서만의 동료가 아니라 삶을 같이 공유하는 관계였던 것이다.

하지만 최근에는 개인적 생활을 존중하고 개인적 영역들을 인정하고자 하는 추세로 세상이 바뀌었다. 특히 밀레니엄 세대라고 하는 신세대들에게는 더욱 그런 현상이 뚜렷하다. 단적으로, 요즘은 '하숙집'이라는 개념 자체가 없다. 왜냐하면 개인 생활을 존중하고 서로 간섭하는 것 자체가 불편함을 준다고 느끼기 때문이다.

회사는 성과라는 목적을 중심으로 하여 모인 목적 집단이며, 과업 중심으로 돌아가는 곳이다. 인간적인 관계나 기대가 기본인 곳이 아니다. 그 안에서 개인적 영역에 대한 깊이 있는 언급이나 '인간적인 실망'이나 '배신감' 등의 용어는 적절치 않은 것이다. 그리고 그런 감정을 느꼈다고 하더라도 이를 당당하게 표현하거나 요구할 수 있는 상황은 더욱 아니다.

개인적 영역에 대한 비난은 업무적 차원을 벗어난 개인적 차원의 부정적인 감정 반응을 일으킨다. 그리고 그에 따른 공격적인 반응을 하도록 유도한다. '정말 너한테 인간적으로 실망이야!'라는 표현에 대해서 '저도 팀장님한테 실망했던 얘기 한번 제대로 해볼까요?'라는 반응이 오거나 '너한테 너무 배신감이 들어!'라는 말에 '그래서 뭐? 어쩌라구요??'라는 반응을 초래할 수 있다.

물론 회사 내에서 개인적으로 친밀한 관계라면 그 수준에서 개인적 영역에 대한 표현이나 대화를 할수도 있다. 하지만 업무적 차원이 개입된다면 그렇게 행동하거나 개인적 수준에서나 통용되는 표현을 하는 것은 적절하지 않다. 왜냐하면 업무적 대화는 형과 동생, 혹은 친한 언니나 친구 사이의 대화가 아니기 때문이며, 리더와 부하라는 관계가 관련되는 순간 지위와 권력을 이용한 위력행사로 받아들여질 가능성이 높기 때문이다.

'그게 아니라요, 친하니까! 그리고 잘되라고 말한 건데요?! 그래도 그렇게 문제가 되나요?'라는 반문에 대한 대답은 '그래도 안 된다!'이다. 만약 정 그렇게 하고 싶다면, 요즘 말로 제대로 "현피" 하라. 즉, 첫째, 절대 회사가 아닌 장소에서(한강시민공원 잔디밭에서), 둘째, 속된 표현으로 계급장 떼고(즉, '내가 리더로서 얘기하는 게 아니라 너의 친한 언니로서 하는 말인데'라고 분명하게 선을 긋고), 셋째, 이후 뒤끝 없기로 약조를 한 후(이후 직장 내에서 불이익을 받을 것이라는 전제 없이, 증인 필수!!) 제대로 맞붙어라. 그 정도까지는 인정할 수 있다.

개인적 영역에 대한 평가나 언급, 그리고 어느 정도까지 관여해도 되는가 하는 문제에 대한 해답도 매우 간단하다. 서로가 상호 간에 동의하고 수용 가능한 수준까지이다. 즉, 한 사람이 이를 불편해하거나 싫어한다면 "불편해하는 사람이 허용하는 기준"까지만 개입하는 것이 맞다. '너는 왜 이런 걸 불편해하니?'라고 말하는 순간 선을 넘는 것이며, 불편함이 배가 된다.

중식을 싫어하는 사람과는 중식 전문점에 가지 않으면 된다. '왜 저 맛난 중식을 싫어해?'라고 따질 것도 없으며, '중식의 맛과 가치'에 대해서 굳이 무리해서 설명할 필요도 없다. 그건 단지 개인의 선호이고 선택일 뿐이다. 이를 있는 그대로 인정하고 존중해 주면 된다. 대신에 그것을 선호하는 사람들(즉, 개인적 영역에 대한 개입을 허락하고 즐기는 사람) 사이에서만 마음껏 즐기는 것은 전혀 문제 없다. 한쪽이 불편해 한다면 피하는 것이 맞다.

그럼에도 불구하고 이를 상대에게 요구하거나 강요하면 그것은 "괴롭힘"의 범주에 들어간다. 특히 상사가 부하에게, 혹은 선배가 후배에게, 동료들 간에도 다수가 소수에게 이를 강요하면 바로 "지위나 역할을 이용한 괴롭힘"이 된다. 그냥 하지 마라!

행동이 아닌
특성을 언급하는 비난

"저는요, 밖에 나가면 저희 고등학교와 대학교 동창회장을 맡고 있어요. 그런 저한테 대인관계 능력이 어쩌니, 의사소통 스킬이 어쩌니 하면 정말 웃긴다니까요. 지나 잘하라고 하세요! 제가 보면 그 인간이 더 문제거든요. 사무실에서도요, 저희 팀장 말고는 저랑 다 잘 지내요. 본인이 왕따인 거를 본인만 몰라요. 정말 누가 누구보고 문제가 있다고 하는지, 참내…"

그런데 리더는 왜 부하직원에 대해서 화가 날까? 아마도 '자신이 생각하는 기대에 못 미쳐서', '내가 지시하는 대로 잘 따르지 않아서', 혹은 '태도나 기본자세가 안되어 있어서' 등일 것이다. 또한 동료에 대해서 화가 나는 이유도 유사하다. '내가 기대하고 원하는 방식으로 맞추어 주지 못해서', 혹은 '업무를 신속하고 빠르게 처리하지 못해 나에게도 피해가 오니까!' 등일 것이다.

　그런데 냉정하게 생각해 보면 이런 분노의 이유는 합당할까? 과연 '리더가 생각하는 기대'라는 것은 절대적인 것인가, 아니면 리더의 개인적 성향과 경험에 따른 판단인가? '내가 지시하는 대로 잘 따르기'라는 것으로 인해서 분노할 경우, 혹시라도 상대방이 '지시를 제대로 해주셔야죠!', '정확한 업무지시를 하는 것도 리더의 책임과 의무입니다!'라고 반박한다면 그에 확실하게 대응할 수 있는가? 우선은 내가 정말 "리더로서 제대로 지시하고 노력했는지"부터 진지하게 고민하고 검토하는 것이 선행될 필요가 있다.

　동료들의 경우도 마찬가지이다. 혹시 내가 화가 났을 때에 상대방은 자신의 잘못을 인정할 것인가? 아니면 상대방의 입장에서는 나의 문제라고 생각할 것인가? 당신이 화가 나서 상대방에 대해서 비난하고 질책을 했는데, 객관적인 심리검사나 역량진단을 통해, 혹은 리더의 냉정한 평가를 통해서 나의 잘못이라고 판정나면 그것을 쉽게 인정할 수 있는가?

이렇듯 직장 내 관계에서 일어나는 갈등이나 문제들은 대부분 상대적인 것이다. '직장인으로 가져야 할 기본적인 태도나 자세'는 어떤 것인가? 이와 관련된 분명하고 체계화되어 있는 명문화된 규정이 있는가? 업무 상에서의 기본적인 태도나 업무 능력에 대한 자신의 평가가 절대적인 기준이라고 확신할 수 있는가? 이 대부분의 질문에 대한 대답은 리더 개인의 기준이거나 일상적으로 통용된다고 "내가 생각하는 기준"일 뿐이다.

직장생활에 대한 기본적 태도와 관련해서 여러 가지 수준이 있다. 보통 직장 내에서 높은 성취 목표를 바탕으로 고성과를 내서 빠른 승진을 한 사람들은 "열정적인 몰입"과 "받은 급여에 상응하는 충분한 가치를 발휘하는 것"이라고 생각하는 경우가 많다. 하지만 보통 직장인들 중에는 '받은 급여 내에서 너무 스트레스 받지 않고 힘들지 않은 정도'나 '나의 워라밸'이 명확히 지켜지는 가운데에서의 "열정과 몰입"인 경우도 많다.

즉, 상대적이거나 사람에 따라서 다를 수 있는 내용을 가지고 화를 내게 되면 문제가 발생할 가능성이 높다. 왜냐하면 이는 비난받을 행동이나 문제가 아니라 단지 "생각과 견해"의 차이일 수 있기 때문이다. "생각과 견해"라는 것은 상황에 따라 달라질 수 있으며, 시간이 경과하면 바뀔 수도 있는 상대적 기준이다.

리더가 화를 내도 되거나 혹은 동료에 대해서 책임을 물을 수 있는 분명한 범주는 "행동" 뿐이다. 지난주에 오늘까지 완수하자고 약속했던 과업을 완수하지 못한 "행동"에 대해서는 비판할 수 있다. 하지만 '김대리는 왜 이렇게 약속을 안 지키는 거에요?!'라고 말하거나 '내 말을 왜 우습게 아는 거지?' 등은 과도하고 잘못된 의미부여이다. '나를 무시하는 거야?', 혹은 '정말 못 믿을 사람이네!' 등과 같은 분노 섞인 비난은 더욱 정당하지 않다.

이처럼 **특성과 연계 짓는 비난은 행동에 대한 객관적이고 중립적인 비판에 비하여 훨씬 더 깊은 감정적 상처와 자존감 저하를 불러일으킬 수 있다.** 그리고 잘못했던 부분이나 수준에 비하여 수십 배의 심한 비난이라는 부정적 반발을 일으키기 쉽다. 그래서 행동 자체에 대한 개선 노력에 집중하는 것보다는 억울함과 화를 유발할 뿐이다. 이는 결국 말을 했던 사람에 대한 적대적인 태도와 분노감을 일으켜 서로에게 상처를 주게 된다.

이는 그 어느 누구도 원하는 바가 아니며, 상호 간의 미래를 위해서도 전혀 도움이 되지 않는 접근이다. 서로 상처만을 남기고, 더 큰 전쟁과 싸움을 유발하는 단초가 될 가능성만 높인다. 그래서 특성에 대해서 비난하거나 비판하지 말고, 구체적이고 명백한 행동에 대해서만 언급하고 문제시하는 것이 필수적이면서도 바람직한 접근인 것이다.

사적 보복행위

"정말 전임팀장 시절에 너무 힘들었어요. 어떤 날은 하루 종일 저를 회의실에 불러놓고 갈구었다니까요. 업무를 하나도 못 본 날도 많았어요. ○○씨도 그 때는 완전 호시절이었지요. 둘이 너무 친하거든요. 완전 자기가 팀장 같았다니까요ㅠㅠ! 그런데 이제는 좀 당해봐야 되요, 아주 똑같이 해줄거에요! 그래야 알죠, 그 때 내가 얼마나 힘들었는지!! 내가 얼마나 그들에게 당했었는지, 그리고 자기도 얼마나 큰 잘못을 했는지 분명히 알게 해줄거에요!!!"

가끔 방송이나 신문을 보면서 안타까움을 금할 길이 없는 이야기들을 보게된다. 자기 자식을 죽인 범인들에 분노한 부모들이 범인의 현장검증 현장이나 법정 출석과정에서 화를 참지 못하고 달려드는 장면들이다. 그럴 때면 그 심정은 이해가 가나 어쩔 수 없는 일이기에 안타까운 마음이 든다.

반면 영화 등에서는 법이 가해자들을 처단해주지 못할 때, 피해자의 가족들이 직접 복수를 하는 경우가 있다. 그럴 때면 통쾌함과 더불어 쌓였던 분노감도 해결되는 기분이 든다. 그런데 이는 영화일 뿐이다. 현실적이지는 않다. 현실에서는 불가능한 얘기이다. 혹은 시도는 가능하지만 일부 정상참작이 될 뿐 면죄가 되지는 않는다.

이것이 사적 복수의 한계다. 아무리 내가 힘들고 고통을 겪었다고 해도, 동일한 방법으로 되갚아주는 사적 보복행위는 금지사항이다. 영화 중 범죄자에 분노한 경찰이 범인에게 총을 겨누고 있는 순간 옆의 동료가 하는 전형적 대사가 바로 '그건 안돼! 그렇게 되면 결국 똑 같은 인간이 되는거야!!'라는 것이다.

불행히도 세상사가 그렇다. 학교폭력 피해자라고 해서, 가해자에게 당했던 똑같은 방법과 수준으로 보복을 한다고 해도 용서가 되지는 않는다. 결국 둘 다 처벌을 받게 된다. 어떤 경우에는 오히려 가해자는 처벌을 면하고 피해자가 더 큰 처벌을 받는 경우도 많다. 왜냐하면 피해자의 감정은 분노에 가득하고 감정적이기 때문이다. 이래서는 상대방을 제대로 벌할 수 없다.

그런데 현장에서 보면, 직장 내에서 이와 같은 사적 보복행위가 자주 발생하기도 한다. 특히 리더와의 관계 등과 관련하여 한풀이를 하는 경우가 많다. 예를 들어 전임리더한테 호되게 당한 사람은 리더가 바뀌는 순간 전임리더와 친했던 사람들에게 대신 분풀이를 한다. 만약 전임리더와 혼인관계나 연인 사이인 사람이 있다면 그 분노는 배가 된다. 과연 이와 같은 행동들이 정당한가?

현실에서는 그렇지 않은 경우가 많다. 피해자였던 사람이 오히려 나중에는 더 가혹한 가해자가 되어 더 큰 처벌을 받는 경우를 흔히 보게 된다. 그 사람의 억울한 마음이나 분노한 심정이야 누가 모르겠는가? 당연히 알고도 넘침이 있다. 그러나 복수의 방법이 잘못되면 본인에게는 "더 큰 피해"가 온다.

나를 희생하고 다쳐가면서 하는 복수는 옳지 않다. 진정한 복수는 '나는 더 행복해지고, 상대방은 불행하게 만드는 것'이다. 그래서 복수와 보복을 하는 과정에서는 "자기 보호"가 먼저 철저하게 이루어져야 한다. 이처럼 충분한 '자기보호'도 없이, 화나는 마음에 상대방에 대한 공격에만 초점을 두어 결국 둘 다 큰 상처를 입는 경우를 보면 안타깝기 그지없다.

사적 보복행위는 옳지 않다. 분명히 문제가 된다. 사적 보복을 하기 전에 할 수 있는 한 내적인 분노와 공격하고 싶은 마음을 어느 정도는 해소하거나 다룰 수 있어야 한다. 그리고 난 후 세밀한 전략과 구체적인 계획을 통한 체계적인 보복을 하는 것이 진정 "효과적인 보복행위"인 것이다. 사적 보복행위는 결국 둘 다 망하게 되는 지름길이다. 보복을 안하고 싶어서 참는 것이 아니다. 더 좋고 효과적인 방법으로 보복하는 것이 현명하기 때문이다.

일방적인 업무 배제

사원1 "휴가 갔다 왔더니 바로 면담을 하자는거에요. 그래서 갔죠! 그랬더니 '너가 너무 무능하고 업무처리 능력이 떨어지니 업무를 줄 수 없다.'고 말하는거죠. 그래서 제가 '그럼 저는 무엇을 해야 하나요?'라고 물었더니 '스스로 알아서 할일을 찾아서' 하래요. 그래서 저 그냥 인터넷 검색하면서 시간 때우고 있어요ㅠㅠ"

사원2 "저는 그 친구가 구석에서 혼자 유유자적 놀고 있는걸 보면 너무 화가 나요. 그 친구 일이 다 저한테 넘어왔거든요ㅠㅠ 제 일도 많아죽겠는데, 저한테 하라는거에요. 자기가 무능해서 일을 넘겼으면 죄책감이라도 있어야 되는거 아니에요? 그 인간은 하루 종일 탱자탱자 놀다가 6시면 퇴근하는데, 저는 12시까지 야근을 해야 한다니까요ㅠㅠ 정말 열받아요ㅠㅠ"

특히 리더들이 하는 접근 중 본인의 의도와는 다른 결과를 보일 뿐 아니라 가장 효과가 없는 방법이 바로 '업무배제'이다. 게다가 문제를 확산시켜 팀이나 조직 전체가 모두 피해를 입게 하는 최고의 악수가 바로 '업무배제'이다. 그럼에도 불구하고 가장 흔히 남용되는 방법 중 하나라는 점이 안타까움을 더한다.

대체 리더들은 왜 '업무배제'라는 방법을 사용할까? 그 주요 이유들은 '정신 차리라고', '본인이 무능하다는 것을 깨달으라고', '이 조직에서는 쓸모가 없으니 스스로 나가라고', '본인이 월급값을 못하고 있음을 느끼라고' 등 다양한 이유가 있다. 이 모든 리더의 접근은 잘못되었다.

이와 같은 접근들은 대부분 고성과를 보여서 리더의 자리까지 올라간 그들의 전제에 바탕을 두는 경우가 많다. 즉, '급여를 받았으면, 월급값을 해야지!'나 '월급값을 못한다는 생각이 들면 자괴감이 드는' 고성과자들의 전제가 깔려있다. 또한 혼자 생각할 시간을 주면 '스스로의 문제점을 깊이있게 깨닫고, 더 나은 발전방향과 미래계획을 수립'할 것이라는 이상적인 전제가 깔려 있다. 그런데 현실은 다르다. 엉뚱한 방향으로 흘러간다.

업무배제를 한다고 "정신"을 차리지 않는다. 오히려 분노가 발생하며, 월급을 다 받으면서 일은 이전에 비하여 덜하는 과정에서

'소심한 복수감'을 느낄 가능성이 더 높다. 게다가 업무배제가 길어지면 편하다. 그리고 그 생활에 젖어서 오히려 '그동안 왜 그렇게 열심히 일했을까?', '무엇을 위해서 그렇게 전전긍긍하며 살아왔나?'라는 생각이 먼저 들수 있다.

'월급값'에 대한 개념도 천차만별이다. 리더급과 같이 긍정적 성과를 바탕으로 하여 승진이나 보상을 많이 받는 사람들의 특징 중 하나가 누가 뭐라고 안해도 스스로 '월급값'에 신경쓰면서, 그에 상응하는 가치를 보이고자 하는 것이다. 그런데 일반 직장인들의 목표는 '일은 적게, 대신에 월급은 많이!'인 것이 보통이다. 즉 월급값에 대해서는 리더급이나 직장 내에서 성공한 사람들의 생각이 "비정상"일 수 있는 것이다.

게다가 자의가 아니라, 아무리 생각해도 부당하고 잘못된 타인의 판단에 의해서 업무를 줄이거나 배제되게 되면 오히려 월급값을 해야 한다는 부담은 확 줄어든다. 리더의 의도와는 반대로 '출근만 하면 되는', 혹은 '알아서 내가 하고 싶은 것만 해도 되는' 제대로 된 휴가나 휴식인 셈이다. 그래서 '업무배제'에 대한 급격한 분노가 어느 정도 해결되고 나면, '차라리 잘 됐어요, 오히려 편하고 좋아요^^'라는 반응이 나오는 이유가 여기에 있다.

이 꼴이 보기 싫어서 '면벽묵언수행(面壁默言修行)'을 강제하거나 하루에 100장의 반성문을 쓰라고 하는 순간 아마도 신문지상과 인터넷에서 엄청난 비난과 댓글을 마주하게 될 것이다. 이와 같은 행위들은 법이 제정되기 전에도 문제가 되었던 전형적인 행동들이며, 아무리 의도가 좋았다고 해도 틀림없이 문제를 일으키는 접근으로써, 여론의 집중적 포화를 받을 것이다.

게다가 리더가 충분히 고려하지 못하는 나쁜 결과는 업무배제된 당사자를 보는 다른 구성원들로부터 나온다. 이와 같은 업무배제가 장기화되는 경우에는 반드시 그 팀의 조화와 단합은 깨지며, 상호 간의 신뢰는 틀림없이 무너진다.

우선은 업무배제로 인하여 해당 구성원의 업무를 떠안게 된 (아마도 리더가 인정하고 예뻐하며, 고성과자라고 인정할 가능성이 높은) 사람의 분노와 스트레스를 급격히 올린다. 비록 초반에는 이 분노가 리더가 문제라고 생각했던 그 사람을 향할지도 모른다. 하지만 이런 상태가 지속되고 과부하가 계속된다면 그 분노감이 리더를 향할수도 있다는 생각을 분명히 하라.

또한 구성원 전부가 리더의 생각이나 결정에 동의한다고 착각하지 말라. 강압이나 지시 때문에 따르는 척 할 수도 있으며, 다수에 묻어가면서 동조하는 척 할 수도 있다. 반대로 보면, 구성원 중 '저건 아니지 않나?!'라고 생각하는 구성원이 분명 있을 수 있다.

이는 두가지 위험성을 가진다. 한가지는 '나도 저런 식으로 당할 수 있겠구나!'라는 그들끼리의 동질감과 위기의식을 불러일으킬 수 있으며, 이는 리더에 대한 존중이나 조직로열티를 급격하게 낮추는 결과를 초래한다. 다른 한가지는 '블라인드'에서 직접 확인해보라. 자신의 행동이 한편에서는 어떤 부정적인 영향을 끼쳤으며, 일부 사람들에게는 얼마나 악영향을 미쳤는지 직접 글을 읽으면서 수용하면 된다. 아마도 인사팀이나 상사의 호출이 올지도 모른다. 각오하고 있는 것이 좋을 것이다.

　솔직히 리더도 편하지 않다. 한 사람을 대놓고 괴롭히는 방법인 '업무배제'를 적용했을 때에는 그 자신도 얼마나 답답하고 힘들었으면 그랬겠는가?! 하지만 "자신이 생각하는 상식과 기준"에만 기초하여, 예상했던 긍정적인 결과는 하나도 없이, 팀 전체가 무너지고 심한 반발이 반드시 생기는 접근을 왜 하는가?!

　리더 자신과 조직 구성원 모두의 정신에 큰 상처를 입히고, 더 큰 혼란과 갈등을 초래하는 것이 일부 인원에 대한 처벌적 의미의 '업무배제'이다. 그렇게 극단적인 방법을 쓴다고 리더가 원하듯이 회사를 퇴사해주는 것이 아니다. 그 정도에 퇴사할 것이었으면 아마 그 전에 나갔을 것이며, 오히려 나갈 마음이 있다가도 열받아서 안 나갈 것이다. 게다가 더욱 큰 복수의 칼을 갈게 할 것임에 틀림없다. 그래서 하지 말라고 하는 것이다.

집단 따돌림

"이제 어느 정도 포기하고 적응했어요. 다들 저 미워하거든요. 밥도 혼자 먹구요, 말 걸어주는 사람도 없어요. 뭐 다 제가 잘못해서 그런거겠죠? 가끔 식당에서 혼자 밥 먹고 있는데, 뒤로 지나가면서 '밥값을 못하는데 밥을 먹는 사람들은 어떤 심리죠? 양심도 없어 ㅋㅋ'라고 자기들끼리 킥킥거리면서 다 들리게 얘기해요. 저 들으라고 하는 얘기인거 맞죠?"

우리나라 선수 중 가장 축구를 잘하는 선수가 누구인가? 세대에 따라 '손○○' 선수를 꼽거나 '박○○' 선수를 꼽을 것이다. 혹은 나이 좀 있으신 분들은 '차○○' 선수가 최고라고 말하기도 한다. 그런데 이들이 유럽에서 선수로 활동할 때 가장 힘들었던 점이 무엇인지 아는가?

가장 힘들어 했던 이유 중 하나가 바로 "인종차별"이었다. 우리나라에서는 보물과 같은 분들임에도 불구하고 유럽에서는 피부색이 다르고 동양의 작은 나라에서 왔다는 이유만으로 무시당하고 차별당하는 일을 공통적으로 겪었다. 이 이야기에 당신은 생각이 들고 어떤 감정이 느껴지는가?

마치 내 일과 같이 분노하면서 부당함에 파르르 떨었는가, 아니면 당연하고 자연스러운 것으로 받아들이면서 인종차별을 가한 사람들을 공감하고 이해했는가? 이렇듯 소수의 설움이라는 것을 다수는 절대로 이해하지 못한다. 게다가 대놓고 다수가 소수를 괴롭히는 경우에 소수가 겪는 마음의 상처란 이루 말할 수 없는 것이다.

그런데 우리 안에서 이와 같은 잘못된 행동들이 난무하고 있다. 학교 내에서는 자신이 마음에 들지 않는다고 다른 아이들을 조종하여 같은 반 친구를 콕 짚어서 괴롭힘을 한다. 또한 출신지역이나 배경 등을 따져서 '틀림'이 아니라 단지 '차이'가 있고 '다름'이 있을 뿐인데, 이를 맹비난한다.

이와 같은 현상들은 온라인에서도 흔히 발견할 수 있다. 남자 게이머들이 여자 게이머들을 대상으로 성희롱을 하거나 차별적 언사를 날리는 경우가 문제 되기도 한다. 또한 우리가 말로는 다양성을 외치고 융합과 조화를 추구한다고 하지만, 나와는 다른 생각이나 가치를 가지는 사람들을 욕하고 괴롭히는 사건들은 비일비재하다. 성적 소수자들은 단지 성정체성과 관련하여 소수라는 이유만으로 배척당하고 차별받는다.

이것이 과연 정당하고 올바른 행동인가? 혹시라도 소수나 차별받는 사람들의 아픔을 진지하게 공감하고 이해해 본적이 있는가? 그들은 가해자들이 상상하지 못할 정도로 큰 고통을 받고 있으며, 마음에 심각한 손상을 입는다. 그리고 그 가해자가 바로 당신일 수도 있다!

특히 하루의 대부분을 같이 생활하면서 업무적으로 많은 상호작용을 해야 하는 직장 내에서의 따돌림은 더욱 큰 상처와 고통을 준다. 학교 때나 개인적 생활에서는 아예 상대를 하지 않거나 안 보면 된다. 그러나 직장은 그만두지 않는 이상 어쩔 수 없이 상대를 해야만 한다.

그런데 그 과정에서 대놓고 차별과 괴롭힘이 발생한다면 이를 어떻게 해야겠는가? 반드시 개선하고 해결해야할 일임에 틀림없다. 그런데 다수의 입장은 항상 일관된다. '그런 적 없다!'는 것이다. 그냥 얘기를 덜하고 상대할 일이 별로 없었을 뿐이지, 대 놓고 차별하거나 괴롭힌 적은 없다고 말한다. 그래서 더 나쁜 것이다.

이와 같은 진지한 문제의식과 상대방 입장에 대하여 공감하고자 하는 의지가 없으면 절대로 보이지도 않고 해결되지도 않는 것이 바로 '집단 내 따돌림' 문제이다. 그리고 이와 같은 행동들은 틀림없이 누군가의 마음에 큰 상처를 내고 있는 중이다. 이것을 발견하는 방법은 생각보다 간단하다. 상대방이 차별과 따돌림을 받고 있다고 느낀다면 그것이 맞는 것이다. 그 때 '우리가 뭘 차별했는데?'라고 대답하지 말고, 역지사지하는 마음을 바탕으로 '그랬을 수 있겠구나?!'라는 마음으로 접근하면 된다.

우리 중에 누군가가 지속적인 고통과 괴롭힘을 받는 것은 옳지 않다. 그리고 그 이유가 단지 소수이고, '다름'을 가지고 있어서 라면 더욱더 문제이다. 왜냐하면 당신도 어디에선가는 분명히 소수일 것이고, 그와 같은 차별과 따돌림을 받을 수 밖에 없기 때문이다. 그것이 싫고 옳지 않다고 생각한다면, 혹시라도 내 의도와는 상관없이 나로 인하여, 그리고 우리로 인하여 소외감을 느끼면서 배척당한다고 느끼는 사람이 있는지 둘러보는 것이 필요하다.

정당한 절차를 거치지 않은
퇴사 강요

"제가 왜 혼자 다 뒤집어쓰고 나가야 되죠? 제가 나가는 순간 저 혼자만 잘못한게 되잖아요. 그들은 두눈 뜨고 멀쩡하니 회사 다니면서 즐겁게 지낼 걸 생각하면 도저히 참을 수가 없어요! 어디 한번 끝까지 해보려구요!! 같이 죽죠, 뭐!!!

회사에는 채용 절차라는 것이 있다. 엄정하고 객관적이며, 상당한 비용과 에너지를 투자하여 만든 공식적인 채용 절차라는 것이 있다. 이와 같은 엄격한 과정을 통해서 우리의 인재를 선발한다. 그리고 그 과정을 거쳤다는 것은 우리 조직에서 인정하는 수준의 능력과 자질을 보유한 사람이라는 것을 보증한다.

결혼식 주례사에 항상 등장하는 문구 중에 '검은 머리 파뿌리 될 때까지, 서로 돌보고 책임지며~'라는 표현이 있다. 즉, 결혼이라는 형식을 통해서 한 사람을 선택하였다면 그 사람과 좋은 가정을 꾸미고 유지하도록 최선의 노력을 다하라는 의미일 것이다. 마찬가지로 조직의 경우에도 자신들의 기준과 방법에 맞추어 선발을 했다면, 분명히 그에 대한 돌봄과 책임을 다해야 할 것이다.

그런데 나중에 보면, 잘못된 선택이었다고 생각하는 경우들이 종종 있다. 부부 사이라면, 충분히 예상한다고 했는데도 막상 살아보니 갈등이 많고 문제가 많다면 이혼을 하면 된다. 그런데 결혼이라는 것은 법적인 관계이고 진지한 관계이기 때문에 함부로 혹은 충동적으로 이혼을 하도록 허락하지는 않는다.

이혼을 신청하면 '이혼숙려.상담제도'라는 것을 거치게 된다. 즉, 이혼하기 전에 다시금 서로 충분히 탐색하고 고민하며 노력해 보라고 시간을 주는 것이다. 그리고 그 과정을 단순히 둘이서만 하지 말고, 전문심리상담가들에게 도움을 받도록 하는 제도이다.

이 제도를 도입한 후 우리나라의 이혼 중 20% 가량이 감소하였다는 조사결과도 있다.

이것이 의미하는 바는 조금만 서로 이해하고 노력했다면 그렇게 극단적인 수준까지 관계가 악화되지 않았을 것이라는 점이다. 즉, 충분한 사전 노력과 해결 의지가 부족하였다는 것을 반영한다.

마찬가지로 조직의 경우에도 잘못된 선택이었다고 생각되는 경우들이 발생할 수 있다. 나름대로는 충분히 신중하게 고려해서 선발을 하였는데, 막상 같이 일을 하다보니 영 아니라고 생각될 수 있다. 거기까지는 인정한다. 그렇다고 해서 마음대로 사람을 버리거나 퇴사 시켜도 되는 것은 아니다.

일단 사람을 채용했다고 하면, 그에 대한 책임을 우선 다 해보는 것이 먼저이다. 그러고 나서도 영 아니라는 생각이 들고, 헤어지는 것 밖에 방법이 없다고 생각하면, "공식적 절차"를 통해서 퇴사시키는 것이 맞다. 즉 인사팀에 의뢰를 하던가, 아니면 객관적이고 철저한 공식적 절차를 통하여 신중하게 검토하여 결정하는 절차를 거치라는 것이다.

이와 같은 절차 없이 개인적 차원에서의 판단에 의지하여 사람을 함부로 자르거나 내보내는 것은 합당한 방법이 아니다. 그리고 이를 개인적 판단에 기초하여 강제하는 것도 옳지 않다. 이것 자체가 괴롭힘의 방법이 되어서는 안된다. 서로 각자의 문제점을 반성하고 어떻게든 개선하고자 노력함 없이 싸우면서 '헤어져!'나 '이혼해!'를 반복하는 부부에게는 미래가 없듯이 조직 내에서도 충분한 반성과 노력을 선행하라는 것이다.

만약 부하직원이 나가는 경우에 리더도 함께 나가야 한다는 단서를 붙인다면 당신은 어떻게 하겠는가? '제가 왜요? 문제는 저 직원인데, 왜 제가 같이 나갑니까?'라고 반문하지 않겠는가? 이것이 바로 지위나 역할을 이용한 권력 남용이다.

그래도 이혼은 절차를 통해서 헤어지게 되면, 두 부부 모두에게 공정하게 피해가 간다. 그런데 조직 내에서 한 리더의 개인적 판단에 의해 구성원의 퇴사를 결정하는 것은 나가는 직원만 피해를 보게 된다. 이는 일방적이고 한쪽에서는 억울하기 그지 없는 조치인 것이다. 그래서 이런 일방적이고 절차를 거치지 않은 퇴사 요구나 강제가 옳지 않은 것이다. '만약 같이 나가야 한다면?'이라는 전제를 가지고 우선 반성하고 노력하는 것이 정답이다.

가시에 찔렸을 때의 아픔을 생각해보라.
심한 폭력에 노출되었을 때의 두려움을 떠올려 보라.
몸이 너무 아파서 죽을 것 같다는 느낌을 받아본 적이 있는가?

심리적으로도 이와 똑같은 아픔을 경험한다.

PART 6

감정
비-존중

우울

"아무런 의욕과 재미가 없어요. 아무 것도 하기 싫고, 아무도 만나고 싶지 않아요. 예전에는 자신감도 있고, '뭔가 할 수 있다'라는 생각도 많았는데, 이제는 그런 저의 모습을 찾아볼 수가 없어요. 가끔은 차라리 '죽어버리는게 제일 편하겠다'는 생각이 들 정도에요."

'직장 내 괴롭힘'을 경험하는 경우 다양한 심리적인 문제나 장애가 발생한다. 그 중에서도 가장 흔한 증상은 바로 '우울(증)'이다. 우울이란 '슬프고 불행한 감정'이 드는 것으로써 전반적인 활력과 생기가 없어지는 상태를 말한다. 불면이나 과수면 등과 같은 수면상의 문제를 흔히 동반하며, 체중 변화나 신체적인 문제들이 병행해서 나타나기도 한다.

우울증상은 '직장 내 괴롭힘' 뿐 아니라 심리적으로 힘들고 고통받을 때 전형적으로 나타나는 대표적인 증상이다. 또한 심리학적 감기라고 말할 정도로 심리적 상태를 반영해주는 가장 민감한 지표이다.

우울 혹은 우울증의 원인은 다양하다. 전형적으로 산후에는 우울증을 겪는 것으로 알려져 있는데, 이는 급격한 생물학적 변화나 환경적 변화로 인한 것이다. 일부는 단기간 내에 저절로 해결이 되고 넘어가기도 하지만 상당수는 산후 우울증이라고 하는 지속적 증상을 보이기도 한다.

인지적 관점에서 보면 우울이라는 감정은 '중요한 것을 상실'했을 때의 감정적 반응이다. 그래서 주변의 소중한 사람이나 가족이 사망하였을 때에는 당연히 우울증상이 온다. 또한 실직이나 퇴사 등 자신이 보유하고 있던 소중한 가치나 역할을 상실하였을 때에도 우울증상이 생긴다.

특히 직장 내에서의 괴롭힘이나 심리적 고통이 증가되면, 가장 먼저 우울증상이 온다. 왜냐하면 직장 내에서의 자신의 존엄이나 가치가 상실되었다고 생각되기 때문이다. 그리고 이런 사고는 감정적인 고통을 초래하게 되며, 우울이라는 깊은 정서적 어려움 속에 빠지게 된다. 직장 내에서의 괴롭힘은 이와 같은 과정을 통해 우울을 유발한다.

우울증상이 심화되게 되면 세 가지의 특징적인 사고 패턴을 보이게 되는데, 이를 인지삼제(Cognitive Triad)라고 한다. Aron Beck이라고 하는 인지치료의 대가가 말한 개념으로써, 우울한 사람들의 경우 '자신', '주변 환경', 그리고 '미래'에 대한 부정적인 생각이 증가한다고 하였다.

즉, 우울한 증상이 심화되면 우선 자신에 대한 부정적 사고가 늘어난다. 전반적인 자신감이 저하되면서, 자신의 강약점에 대한 균형적 사고가 깨지는 대신 문제 중심의 부정적 평가가 강해진다. 이는 당연히 더욱 우울한 기분을 증가시킨다. 이와 같은 현상은 성희롱이나 집단 내 괴롭힘의 피해자들이 자책을 하거나 스스로의 문제라고 생각하는데에서 관찰할 수 있다. 결과적으로는 '자기 문제라고 생각'하기 때문에 해결 접근을 늦추거나 혹은 스스로 더 깊은 수준의 감정적 고통 속에 빠지기도 한다.

이에 더하여 주변의 환경이나 사람들, 즉 세상에 대한 부정적 인지가 증가한다. 사람들이 나에게 좋지 않은 감정을 가지거나 혹은 부정적 행동이나 의도를 가질 것이라고 해석하고 받아들이는 경향이 늘어난다. 그래서 타인들과의 교류나 관계 자체가 감소하며, 이로 인해 스스로 고립되거나 아예 세상과 단절하고자 하는 생각이 늘어나게 된다. 이런 경향들은 주변 사람에게 도움을 요청하거나 지원을 받는 것에 대한 회피로 이어진다. 분명히 긍정적 관점에서 좋은 마음으로 도와주려고 해도 성희롱이나 집단 내 괴롭힘의 피해자들이 이를 거절하는 경우가 많다. 혹은 이와 같은 문제를 해결하는 과정에서 만나는 담당자들(인사팀이나 감사팀 등)이나 전문적 심리상담가에 대해서도 적대적인 태도를 보이기도 한다.

마지막으로 미래에 대한 부정적 기대와 예상이 증가한다. 공부를 하거나 노력을 한다고 해서 좋은 결과가 나올 것이라는 예상이 감소하고, 대신에 부정적인 기대와 예상이 늘어난다. 회사에서 잘릴 것에 대한 걱정과 불안이 늘어나고, 결혼이나 자녀 출산과 관련해서도 문제점 중심의 관점을 취한다. 이와 같은 미래에 대한 부정적 사고는 희망을 꺾어버리며, 문제해결을 위한 적극적 활동이나 참여를 제한하게 한다. 이 때문에 자신이 극심한 고통을 느끼고 있음에도 불구하고 이 문제를 해결하기 위한 노력을 하지 않도록 하는 부정적 결과를 초래한다. 왜냐하면 "(해결하려고) 노력하고 시도해봐야 무슨 소용이 있겠나?"라는 생각이 증가하기 때문이다.

만약 이 글을 읽으면서, '어! 나는 이 세개가 다 있네!'라고 생각이 들면, 그 사람은 우울할 가능성이 높다. 즉 마음이 매우 지치고 힘들어져 있는 상태이며, 마음과 감정의 손상과 상처가 축적되어 있는 경우가 많다. 그래서 스스로에 대하여 이미 비관적으로 생각하는 경향이 높아졌으며, 부정적 평가와 그로 인한 감정적 고통을 겪고 있을 가능성이 높다.

그런데 이와 같은 본인 상태에 대한 부정적 평가는 팩트가 아닐 가능성이 높다. 왜냐하면 본인이 저자를 만나 구체적인 기술한 적이 없는데도 이 책에서 나의 상태를 정확히 맞추었다는 것은 그것이 바로 "증상"이기 때문이다. 즉 내가 마음이 힘들고 지치기 때문에 나타나는 전형적인 증상이고, 심리적 고통을 겪고 있다는 마음의 신호인 것이다. 그래서 적극적인 치유와 힐링의 필요성을 알려주는 알람과 같은 것이다.

따라서 이와 같은 느낌을 스스로 가지고 있다면 전문적인 상담이나 치료를 받는 것이 바람직하다. 특히 우울감의 경우에는 전문적인 치료적 개입을 통해 비교적 잘 개선되는 마음의 문제이다. 따라서 곧바로 용기를 내어 전문 상담을 받는 용기 정도만 내면

해결되는 경우가 많다.

　주변의 사람들에게서 우울한 사람을 발견하는 것도 중요하다. 이전에 비하여 뚜렷하게 활력이 감소하거나 표정이 좋지 않은 경우, 혹은 걱정이나 염려가 증가하거나 기분 상태가 지속적으로 안 좋은 경우에는 우울증상을 경험하고 있을 가능성이 높다. 리더와의 면담이나 대화 시 이전에 비하여 의미있게 자신감이 저하되거나 업무 상 효율성이 저하되었다면 그것도 중요한 지표가 된다.
　특히 '직장 내 괴롭힘'을 겪는 사람들이 전형적으로 가장 먼저 보이는 증상이 '우울증상'이다. 주변 사람들이 의도하였건, 의도하지 않았건 간에 마음의 상처가 생기거나 고통이 심화되면 우울증상이 온다. 이런 증상을 보인다고 추정되는 경우에는 즉각적인 개입과 지원이 이루어지는 것이 바람직하다. 왜냐하면 늦게 발견하고 치료를 늦게 시작할수록 해결에 투자해야 되는 에너지도 크며 시간도 많이 걸리기 때문이다. 그래서 '직장 내 괴롭힘' 문제가 발생하면 시급하고 신속하게 피해자에 대한 심리적 구제가 이루어져야 하며, 그 과정에서 우울증상에 대한 적극적 개입과 해결이 가장 먼저 이루어져야 한다.

분노

"내가 왜 이런 고통을 겪어야 하나 곰곰히 생각해보니, 그 사람들 때문이더라구요. 처음에는 그들이 저를 비난한 것처럼 내가 잘못하고 문제인가 생각했어요. 그런데 아무리 생각해도 그건 아니라는 생각이 들었어요. 자기들이 뭐라고 저를 그렇게 함부로 평가하고 판단해서 비난합니까? 자기들도 딱히 저보다 나을 것도 없잖아요?! 아니, 오히려 더 문제죠!! 점점 더 화가 나고 억울해요."

'직장 내 괴롭힘'을 당한 사람들이 우울증상 다음으로 혹은 우울증상과 동시에 경험하는 감정이 바로 분노감이다. 분노감이란 '다른 사람이 나를 공격하고 해를 끼쳤을 때' 경험하는 전형적인 심리적 증상이다. 보통은 적대감이라고도 하며, 이후에는 공격적 행동과 반응을 동반하게 된다.

심리적 차원에서 보면 공격성이라는 것은 기본적인 본능 중 하나이다. 또한 적절한 공격성은 목표의식과 성취와도 관련이 되고, 새로운 상황이나 어려워 보이는 것에 대한 도전과도 밀접한 관련성이 있다. 그리고 최선의 방어는 공격이라는 말도 있으며, 국력의 중요한 지표 중 하나가 국방력이듯이 적절하고 건강한 공격성은 스스로를 보호하는 작용도 한다.

그러나 '직장 내 괴롭힘' 등으로 인한 분노나 적대감은 좀 다른 양상으로 보아야 한다. 왜냐하면 균형적이고 동등한 방어나 공격이 제대로 이루어지지 못하는 관계 내에서 발생하는 정서적 손상이기 때문이다. 즉, 일방적으로, 그리고 억울하게 당해야 되는 상황으로부터 나온 부정적 감정이다.

이런 경우에는 내적으로 경험하는 분노나 화의 강도 자체가 매우 강하며, 그 과정 상의 불합리성과 부당함으로 인해 분노나 적대감이 더욱 커진다. 따라서 이후 발생하게 되는 공격적 행동의 강도나 격렬함도 높아질 수 밖에 없다. 더욱이 직장 내에서 발생하는 '불공정한' 심리적 고통은 보통 상당기간 동안 지속되나 그 표현이나 해결은 매우 제한되기 때문에 어쩔 수 없이 "축적"되게 된다. 그리고 축적된 분노는 매우 위험한 감정이 된다.

이처럼 분노가 축적되게 되면 더욱 큰 부차적인 문제들이 발생하게 된다. 그 첫번째는 해결되지 못한 분노가 스스로를 해치게 되며, 두번째는 주변 사람들과의 관계에 극히 부정적인 영향을 끼친다. 마지막으로는 타인들의 분노를 유발하며 그로 인하여 스스로를 공격하도록 하는 결과를 초래한다.

우선 분노는 스스로의 마음과 정신을 황폐화시킨다. 특히 분노가 축적되었다는 것은 오랜 기간 동안 분노감을 경험하고 있다는 것을 의미하며, 동시에 효과적으로 해결하지 못하고 있다는 것을 의미한다. 즉 효과적인 관리와 대응을 하지 못한 채, 분노가 나의 마음과 정신을 황폐화하도록 방치되어 왔다는 것이다.

분노는 대표적인 부정적 감정으로써, 내 심리상태가 심한 "–" 상태, 즉 극히 부정적 상태라는 것을 의미한다. 우리가 '화'가 난 상태를 생각해보면 금방 이해할 수 있다. 화가 난 상태라는 것은 매우 불편하고 부정적인 심리적 감정 상태로써, 내 마음의 평화와 안식이 없어지고 심한 긴장과 스트레스 상태라는 것을 반영한다.

이와 같은 강한 부정적 심리상태는 그 자체 만으로도 나에게 부정적인 영향을 미친다. 내적인 활력이 없어지며, 심리적 에너지를 소진한다. 또한 분노라는 감정이 분노 유발자를 향하지 못하고 타인에게 투사되어 타인과의 갈등이 증가되기도 하며, 스스로에게 향하는 경우에는 강한 자책이나 자존감 저하, 그리고 그와 관련된 우울감을 느끼게 하는 주요 원인이 된다.

이는 몸속에 암세포를 담고 있는 것이나 똑같다. 그 자체로도 신체적인 피로나 고통을 제공할 뿐 아니라 전반적인 신체적인 활력을 감소시키는 이상의 신체적인 문제들을 유발한다. 그리고 오래 지속되는 경우에는 다른 신체 영역으로 전이가 되어 암이 다른 기관에 퍼지기도 한다. 마음의 독소인 분노도 마찬가지이다. 내 안에 해결되지 않은 채 축적된 분노감은 적절히 치유하고 해결하지 않으면, 내 마음속에서 지속적인 고통과 문제를 유발한다.

축적된 분노가 유발하는 두번째 문제는 주변 사람들을 멀어지게 하는 것이다. 내적으로 강한 분노가 축적되는 경우, 본인 뿐 아니라 주변 사람과의 관계에서 갈등과 문제를 일으켜 결국 타인에 대한 적대감과 분노감이 증가한다.

일단 나의 심리적 상태가 매우 부정적이기 때문에 긍정적이고 우호적인 교류가 줄어든다. 동시에 타인들의 행동에 대해서도 예민해지거나 (특히 부정적 단서에) 필요 이상의 과잉대응을 할 가능성을 높여준다. 특히 타인들이 조금이라도 공격적인 행동을 보인다면 그에 대해서 매우 민감하게 반응할 가능성이 높아진다. 타인이 별 의미 없이 하는 행동이나 긍정적 의도를 가진 행동에 대해서도 부정적으로 해석하여 공격적으로 반응하는 행동들이 늘어난다. 이로 인해 중립적 관계였거나 혹은 긍정적이고 우호적인 관계를 가졌던 사람과도 부정적인 관계로 변할 가능성이 증가되는 것이다.

결국 축적된 분노는 주변 사람들과의 관계를 더욱 부정적으로 만들며, 결과적으로 사람들이 떠나고 외로워지게 되는 원인이 된다. 결국 내 안의 고통을 이해해주거나 나눌 사람마저도 줄어드는 것이다. 그래서 결과적으로 타인들과의 전반적인 관계 자체를 방해하고 더 큰 문제를 발생하게 한다.

축적된 분노가 가져오는 세번째 문제는 타인들의 공격과 분노를 이끌어 낸다는 것이다. 분노는 단순히 주변 사람들과의 갈등을 증가시키고 멀어지게 하는 이상으로 주변 사람들을 분노하게 만들고, 그 결과 자신에 대한 공격적 행동을 유발한다.

부부간의 관계에서 부부 싸움을 하는 경우, 상대방의 실수나 문제에 대해서 과도하게 비난하거나 화를 내는 경우에는 상대방이 그 문제에 대해 사과하거나 인정하기보다는 부정적인 감정적 대응을 하도록 유도한다. 예를 들어, 사소한 잘못에 대해서 잘못의 정도나 심각도에 비하여 심한 비난을 하는 경우에는 '뭐 별 것도 아닌 일에 그렇게 성질을 내는건데?!'나 혹은 '내가 뭐 그 정도로 잘못했어? 왜 이렇게 심하게 화를 내는 건데?!'라고 반응하며 더 큰 싸움으로 확장되게 된다.

이처럼 축적된 분노에 의한 예민한 반응이나 과도한 부정적 대응은 결국 상대방의 감정을 필요 이상으로 상하게 한다. 따라서 상대도 큰 분노감을 겪게 되어 결과적으로 나에 대한 공격적 행동을 유발하게 한다. 즉, 필요 이상의 과잉대응은 상대를 화나게 하며, 결국에는 나에 대한 더 강한 공격적 행동을 초래하게 된다. 그래서 축적된 분노가 타인을 심하게 공격하고, 그 공격으로 인하여 분노한 타인이 나를 다시 공격하게 하는 악순환이 반복되게 된다.

어린 시절 어머니나 자신에게 심하게 폭력을 행사하는 아버지를 둔 자녀는 아버지에 대한 분노를 품게 된다. 동시에 그 상황에서 아무런 대응도 못하였던 자신에 대해 스스로 비난하거나 혹은 심한 무기력감을 학습하게 된다. 이로 인해 건강한 자아를 형성하기 어렵다. 폭언을 하거나 비하적 발언을 일삼는 리더와 함께 일했던 부하직원은 자존감에 큰 상처를 받게 되며, 크나큰 분노감을 경험한다. 리더의 부당한 행동에 대해 반박하고 싶거나 되갚아주고 싶은 마음을 꾹 참느라고 더욱 큰 심리적 에너지를 소비하게 된다. 이후에도 그 당시 리더와 유사한 특성이나 행동을 보이는 사람만 봐도 그때의 분노감이 되살아나며 부정적인 태도를 보이게 된다.

이렇듯 다양한 이유와 경험들로 인하여 분노감을 경험하는 것은 피할 수 없다. 그리고 일단 경험된 분노감은 나의 마음에 큰 상처를 내게 된다. 그런데 이런 심리적 상처를 그냥 놔두는 것은 더욱 큰 문제를 일으킨다. 신체적 상처가 생기면 즉각적인 치료가 필요하며, 상처가 심한 경우에는 오랜 기간 동안의 치유 활동이 필요하다. 마찬가지로 분노와 같이 심리적으로 큰 상처를 남기는 감정에 대해서도 적극적인 치유와 해결이 신속히 이루어져야 한다.

만약 마음속에 큰 분노감이 자리 잡고 있다면, 지금 당장 치유를 시작하라. 지금이라도 늦지 않았다. 왜냐하면 지금까지의 아픔과는 별개로 앞으로 행복하게 살아갈 수 있는 기회가 있기 때문이다. 그리고 지금까지 충분히 고통을 견디었으므로, 이제는 보다 건강하게 살아도 될 자격이 있다. 앞으로 행복하게 살아갈 미래를 생각하며 지금 당장 치유를 시작하자.

불안

"처음에는 가슴이 답답하다 싶은 정도였어요. 그런데 갈수록 그 증세가 심해져서 출근하는 전철 안에서 너무 갑갑하고 숨쉬기도 어렵다는 생각이 들 정도였어요. 그래서 인터넷을 검색하다 보니 공황장애라는 병이랑 비슷하더라구요. 그래서 체크리스트를 해 봤더니 완전히 딱 맞더라구요! 그 다음부터는 '아, 내가 심각하구나!'라는 생각이 들었어요. 그 이후로는 아예 운전도 못하겠어요, 공황장애면 터널에 들어가지 못한다고 하더라구요!"

불안은 '향후 부정적인 사건이 도래할 것이라는 예상 및 그와 관련된 두려움'이라고 정의할 수 있다. 즉, 앞으로 안 좋은 일이 발생할 것이라는 걱정이 가득한 상태를 말한다. 그리고 이와 같은 감정적 상태는 다양한 신체적 증상을 동반하는 경우가 많다. 가장 흔한 예가 가슴이 답답해지거나 심장이 빨리 뛰는 느낌, 그리고 긴장과 초조로 인한 과도한 신체적 활성화(얼굴 빨개짐 등)나 발한 증상(특히 손에서 땀이 나는 등)이 생기기도 한다.

그런데 불안증상은 생존가가 있는 대표적 심리적 현상이다. 원래 인간은 신체적으로 무척 약한 존재이며, 생존을 위해서는 스스로를 위협적인 대상으로부터 보호해야 한다. 인간이 다른 동물 속에서 섞여서 살 때에는 나에게 다가오는 특정 대상이 나의 존재에 도움이 되는 것인지, 아니면 위협적인 존재인지를 구분하는 것이 매우 중요한 과업이었다. 그래서 부정적인 사건을 경험하였을 때에는 그와 유사하거나 비슷한 특징을 가진 자극에 대해서는 '불안'을 경험해야 한다(즉, 가까이 했다가는 위협을 당하거나 공격을 받을 것이라는 예상). 그래서 신속하게 도망을 가는 것이 생존을 보장하는데 있어서 중요한 기능이었다. 이를 빗댄 속담이 바로 '자라보고 놀란 가슴, 솥뚜껑보고 놀랜다'이다.

그런데 문제는 가끔은 실제적인 위협이 없는데도 불구하고 이를 위협적인 것으로 지각한다는 것이다. 그리고 또 다른 문제는 위협인 것을 분명히 인지하고 있음에도 불구하고 이를 회피할 수 없다는 점에서 발생한다.

험한 일을 많이 겪다 보면 걱정이 많아진다. 심리적으로 상처를 많이 경험하다 보면 대인관계나 활동을 할 때에 부정적인 일이 일어날 것에 대한 두려움이 커지는 것이다. 이와 같은 불안 증상은 적극적인 활동을 제한하고 위축된 태도를 보이게 하며, 과업을 수행함에 있어서도 문제점을 미리 예상하고 대비하느라 시간이 지연된다.

특히 '직장 내 괴롭힘'과 같은 큰 심리적 고통을 경험한 경우에는 이와 같은 걱정과 두려움이 극대화된다. 주변의 포괄적인 대상에 대하여 걱정과 두려움을 경험하며, 이에 대비하거나 조심하고 긴장하느라 많은 심리적 에너지를 투자한다. 이로 인하여 정작 핵심이 되는 업무 상에서는 좋은 결과를 도출하기 어렵게 되기도 한다.

더욱이 자신이 걱정하거나 두려워하는 문제나 이슈들이 대부분은 자신이 통제하거나 변화시키는 것이 불가능한 대상인 경우가 많다. 우선 리더가 그러하며, 주변의 동료들도 내 마음대로 바꾸거나 변화시키기 어렵다. 그럼에도 불구하고 여러가지 이유로 직장을 계속 다녀야만 한다면, 이와 같은 불안감이 반복되고 지속될 수 밖에 없다.

이와 같은 신체적 및 심리적인 긴장상태를 스트레스라고 칭한다. 그리고 이런 상태가 지속되고 반복된다면 스트레스의 정도와 심각도는 매우 강해진다. 결국 이로 인한 신체적인 증상(심혈관계의 질환 등)이 발생하게 된다.

이런 상태가 지속되고 확대되면 결국에는 실체없는 고민과 걱정에 사로잡히는 일이 발생하게 된다. 즉, 어떤 일을 시작하려고 할 때, 일단 시작하고 열심히 노력해서 결과를 얻기 보다는 과정상 문제점들을 선정하고 대비하며, 결과가 제대로 나오지 않을 것에 대한 두려움에 내내 스트레스를 받게 된다.

그리고 이와 같은 상태들은 결국 내적인 심리적 상태를 심한 '-'상태로 만들며, 더욱 큰 심리적 에너지의 소비를 촉진한다. 그래서 결국에는 "심리적 소진 상태"에 빠지게 된다. 이 때 나타나는 주요 문제사례들은 잘 나가던 성공한 직장인이 갑작스럽게 '죽을 것 같은 두려움'에 회사를 그만두거나 큰 일을 앞두고 있던 어느 순간 심장이 터질 듯한 느낌에 모든 것을 포기하는 경우 등이다.

이런 경우 정신과를 방문하면 대부분 '공황장애'라는 진단을 받게 된다. 즉 진짜 '공황장애'가 발생하기 이전에 이와 같은 심리적 프로세스가 진행되어 왔으며, 그 과정에서 적절히 문제해결이나 관리가 되지 않으면 결과적으로 증상이 발현되는 것이다.

그런데 이와 유사한 개념으로 "hwa-byung(화병)"이라는 것이 있다. 미국정신의학회에서 발행하는 DSM-IV(정신장애의 진단과 통계 편람)에서 한국에서만 볼 수 있는 문화 특정적 장애로 구분하고 있는 심리장애로써, 분노에 의한 스트레스가 지속되어 신체적 및 심리적 증상들이 나타나는 일종의 분노 관련 장애이다. 예를 들어 독한 시어머니 밑에서 혹독한 시집살이를 하면서도 한번도 대들지 못하고 평생 참아왔던 며느리들에게서 흔히 나타나는 증상이다.

실제 임상장면에서는 화병과 공황장애, 그리고 기타 불안장애 등에서는 유사한 증상들이 나타나기 때문에 이를 정확하게 구분하기가 애매할 때가 있다. 그런데 특히 "직장 내 괴롭힘"으로 인하여 상당기간 동안 고통을 받아왔으나 별다른 대응이나 해결을 하지 못한 채 내적으로 분노가 축적된 경우에는 이 홧병에 해당하는 경우가 제일 많은 것 같다.

또 한가지 고려해야 하는 불안 관련 심리적 장애가 바로 'PTST(post traumatic stress disorder, 외상 후 스트레스 장애)'이다. 이는 전형적으로 교통사고 후유증에서 볼 수 있는 심리적 현상이다. 회사 주변의 사거리에서 교통사고를 겪은 사람은 한동안 그 장소에만 가도 유사한 두려움을 겪게 되며, 운전을 하는 것 자체가 무서워진다. 즉, 심각한 사고나 문제를 겪은 사람이 유사한 일을 경험하게 될 것에 대한 두려움을 느끼는 것이다.

이는 어느 정도 자신의 보호하는데 도움이 된다. 왜냐하면 적절한 긴장이나 두려움으로 인하여 더욱 조심하게 되고, 그 결과 동일한 사건을 반복하지 않도록 해주는 보호기능이 있기 때문이다. 이와 같은 심리적 기제는 '직장 내 괴롭힘'에서도 동일하게 발생한다.

'직장 내 괴롭힘'을 심하게 겪은 피해자는 이와 관련된 PTSD를 겪을 가능성이 있다. PTSD라 하면 일반적인 불안과 걱정 수준 이상의 심각한 두려움에 빠지는 것으로써 정상적인 업무 집중이나 몰입이 불가능하며, 직장이라는 장소 자체에 대한 강한 부정적 반응을 포함한다. 이로 인해 '직장 내 괴롭힘'으로 인하여 PTSD가 발생하였다고 하면 직장과 어느 정도 분리를 해주는 '병가'를 줄 수 밖에 없는 경우가 많다. 그 정도로 후유증이 큰 심리장애라고 볼 수 있다.

어찌되었건 "직장 내 괴롭힘"으로 인한 스트레스와 분노는 여러 가지 문제들을 일으키며, 신체적 및 심리적인 장애를 불러오는 것이다. 그 중에서도 '공황장애'나 'PTSD', 내적인 분노 조절과 관련된 '불안증상'이나 '홧병' 등이 자주 나타나는 증상이다. 만약 이런 증상이 나타난다면 이는 일반적 수준의 인사적 조치나 리더 수준의 지지나 지원으로 해결되지 않는다. 전문적인 치료적 개입과 해결이 반드시 필요하다.

자기존중감 저하

"예전에는 모든 일에 대해 자신감을 가졌던 것 같아요. 무엇이든 할 수 있다는 생각이 많았거든요. 그런데 요즘은 뭘 해도 자신감이 없어요. 업무를 해도, 과연 잘할 수 있을까 하는 걱정과 더불어 일을 망쳐서 팀에 손해를 끼치면 어쩌나 하는 생각이 더 많이 들어요. 그리고 이런 생각을 하다보면 일이 손에 더 안 잡혀요ㅠ 이러는게 분명히 나쁘고 잘못되었다는 것은 알겠는데도 잘 조절이 안되요ㅠㅠ 그냥 '가치가 없다, 허무하다.'는 생각이 들구요, 그럼 '회사를 알아서 나가야 하나?'라는 생각 뿐이에요."

'직장 내 괴롭힘'이 심리적 장애나 문제만 일으키는 것은 아니다. 어떤 경우에는 우리가 꼭 가져야 하는 건강한 기능의 결핍과 손상을 불러일으킨다. 그 대표적인 경우가 바로 '자기-존중감의 저하'이다.

'자기-존중감'이란 '스스로를 존중하는 마음'으로써 '자신이 충분히 긍정적 가치를 가진 존재이며, 사랑과 인정을 받을만한 사람이라고 생각하는 스스로에 대한 지각'이라고 정의할 수 있다. 이 안에는 두가지 의미가 내포되어 있는데, 하나는 '관계 상에서의 존재'이며, 다른 하나는 '유능함'과 관련된 의미이다. 즉, 자기-존중감 속에서는 '사람들 사이에서 충분히 긍정적 평가를 받고 좋은 사람으로 인정받을 수 있다는 생각'과 직장 등과 같은 능력이 요구되는 상황에서 '주어진 상황에서 긍정적 결과를 만들어 낼 수 있다는 유능감'의 의미를 동시에 가진다.

자기-존중감은 초기 아동기 경험을 포함하여 주 양육자와의 관계에서 그 기초가 형성된다. 하지만 그 이후에도 지속적인 환경과의 교류 속에서 수정되고 보완되며 현재의 자기-존중감을 형성한다. 따라서 학교나 직장에서의 경험이나 그 안에서의 대인관계 상호작용 등도 현재의 자기존중감에 영향을 주는 주요 소스가 된다.

그런 측면에서 보면, '직장 내 괴롭힘'은 자기-존중감에 매우 부정적인 영향을 미치는 핵심적 사건이 된다. 성인이 되어서 직장이라는 것은 단순히 돈을 버는 장소가 아니며, 나의 주요 생활 근거지이기도 하고 상당 부분의 대인관계가 발생하는 환경이기도 하다. 그 안에서의 부정적인 경험, 그것도 극심한 부정적 경험은 자기-존중감에 부정적인 영향을 미치는 수준을 넘어서서 극심한 손상과 파괴를 할 수도 있다.

자기존중감은 업무 중 심리적 안정성과 업무를 수행하는데 필요한 집중력 및 효율성의 근원이다. 긍정적 자기-존중감을 보유한 사람은 충분한 집중력과 유능감을 바탕으로 하여, 우호적인 상호작용 내에서, 적절한 협력과 조화 속에서 공동의 결과를 만들어낸다. 반면에 부정적 자기-존중감을 보유한 사람은 긴장이나 스트레스가 가득한 상태에서 일을 할 수 밖에 없으며, 타인과의 관계에서도 갈등이나 대립 혹은 필요 이상의 부정적인 지각과 해석을 하는 경향이 높아진다. 이런 상태로 어찌 긍정적 성과를 만들어 내겠는가?

우리는 항상 모두가 존중받고 인정받는 조직을 만들자고 말로는 외친다. 그리고 개개인의 구성원이 존중받고 소중하게 여겨지며, 이에 기반한 공동의 성과를 만들어가는 직장을 최고의 직장이라고 생각한다. 그런데 이 과정에서의 가장 큰 장애물 중 하나가 바로 '직장 내 괴롭힘'인 것이다. 왜냐하면 우리가 생각하는 이상적인 목표를 달성하기 위한 가장 긍정적 원천을 파괴하고 고갈시키기 때문이다.

그런데 이처럼 개인의 행복과 성공에 핵심적 요인인 '자기-존중감'을 해쳐도 되는 자격이 과연 있겠는가? 자신의 자기-존중감을 해치는 사람에 대해서는 어떻게 대할 것인가? 이를 허락할 것인가, 아니면 그에 대하여 문제시하고 반격하여 나의 '자기-존중감'을 철저히 보호해야만 하는가?

그럼에도 불구하고 우리는 지위를 이용하여 혹은 다수라는 명분으로 부하직원이나 소수의 자기-존중감을 짓밟아버리는 행동을 쉽게 한다는 점을 반드시 기억하여야 한다. 나의 자기-존중감이 소중하면, 타인의 자기-존중감도 소중한 것이다. 나의 자기-존중감을 인정받고 싶다면, 타인의 자기-존중감도 인정하라. 적어도 타인의 자기-존중감을 해치는 일을 하지 말아야 할 것 아닌가? 왜냐하면 그로 인하여 상대가 받을 고통을 생각하면 그것은 정말 옳지 않은 행동이다.

말로만 서로를 존중한다고 하지 말고, 기본 중의 기본인 자기존중감을 보호해주고자 하는 마음을 사명처럼 생각해주길 바란다. 왜냐하면 그래야 행동을 조금 더 조심하고 타인에 대해 관심을 갖고 배려할 수 있기 때문이다. 만약 이를 쉽게 잊거나 중시하지 않는다면, 누군가에게 자존감의 손상을 줄 수 있으며 이는 결국 내 자존감의 손상으로 이어지게 될 수 있다.

나의 감정을 읽는 사람은 타인의 감정도 공감한다.

나의 감정을 조절하는 사람은 타인의 감정도 다룰 수 있다.

스스로 행복을 만들 수 있는 사람만이 타인을 행복하게 해줄 수 있다.

당신은 당신의 감정을 존중하는가?

PART 7

당신은 당신의
감정을 존중하는가?

감정관리는 성격이다

심리검사를 통한 리더십 진단 보고서 중 일부

- 자신의 감정에 대한 통찰이나 인식이 부족하며, 타인의 감정을 이해하고 공감하는 능력도 미흡함. 따라서 구성원과의 관계에서 적절한 감정적 교류나 소통이 제한될 가능성이 높은 등 전반적인 감성리더십 상 문제의 소지가 높아 보임.

- 특히 갈등이나 문제 발생 시 과도한 분노표현이나 일방적인 감정적 비난의 가능성이 높은 바, 이로 인하여 구성원들이 명백한 정서적 고통을 경험할 가능성도 높음. 단, 본인 스스로는 이에 대한 통찰과 인식이 부족함.

모든 사람은 각자의 '다름'을 가지고 있다. 외적인 생김이 다르듯이 내적인 심리적 양태도 서로 다르다. 이를 보통 '성격'이라고 한다. 즉 '지적인 능력을 제외한 제반 심리적 특성이나 행동 경향성'을 가진다. 이에는 다양한 심리적 영역들이 포함되는데, 전반적인 대인관계나 의사소통 패턴과 스킬들, 그리고 내적인 자아상이나 자기존중감, 문제상황에 대처하거나 해결해 나가는 방법 등 다양한 측면들이 성격 내에 포함된다.

이 중에는 당연히 감정을 인식하고 다루는 방법도 관계되어 있다. 즉 감정 인지 및 관리 능력 또한 '성격'의 일부이며, 어느 정도 안정적이고 일관적인 패턴을 보인다. 가장 흔히들 사용하는 성격 구분법인 '외향형' 성격과 '내향형' 성격의 경우 감정을 표현하는 측면에서 매우 다르다. 보통 외향형 사람들은 감정이 외적으로 드러나는 편이다(본인이 이를 인지하는 여부는 다른 문제임). 반면에 내향형 사람들은 자신의 생각이나 감정을 잘 드러내지 않는다.

또한 외향형 사람들의 경우에는 감정적 사건에 대한 반응이 비교적 직접적이다. 즉, 화가 나면 화를 즉각적으로 표현하는 경향들이 높은 반면에 감정을 마음 속에 오래 담지 않는 편이다. 반면에 내향형 사람들은 감정적 사건에 대한 반응이 느린 편이다. 왜냐하면 감정이 발생하더라도 일단은 외적으로 표현하지 않고 내적 처리('감정 따져보기'나 혹은 '꾹~ 참기' 등)에 집중하는 경향을 보인다. 따라서 외향형에 비하여 내향형 사람들의 감정을 파악하기가 훨씬 어렵다.

또 한가지 패턴을 감정을 처리하는 방식과 관련하여 구분할 수도 있다. 보통 '감정형'이라고 불리우는 사람들은 '감정을 있는 그대로 느끼고 경험하는 경향'을 보인다. 즉, 기분이 안 좋으면 그냥 안 좋은 것이다. 딱히 그 이유를 군이 엄격하게 따지거나 왜 그런지를 깊게 파지 않는다.

반면 '사고형'이라고 불리우는 사람들은 '감정에 대해서도 논리적으로 분석하고자 하며, 합리적인 납득이 되지 않으면 감정을 인지하지 않는 경향'을 보인다. 즉 기분이 안 좋으면 '왜?' 안좋은지에 대한 이유를 따져보면, 딱히 그럴만한 이유나 사건이 없다면 (합리적인 납득이나 수용이 되지 않으면) 이를 간과하거나 중시하지 않고 넘어가버린다.

보통 '몰라! 그냥 화가 나, 열받아 정말!' 등의 표현은 감정형 사람들이 하는 표현이다. 즉, 감정적 상태가 우선되기 때문에 감정을 경험하는 것이 선행이 되며, 그에 따라 사고나 행동이 영향을 받는 경향이 비교적 뚜렷하다.

반면에 '내가 지금 화가 나는 이유는, 첫째… 둘째… 셋째…'등의 표현은 사고형들이 하는 표현이다. 즉, 감정을 경험한 후 그에 대한 논리적인 접근을 통해 감정을 경험하게 된 근거나 이유들을 찾아낸 것이다.

이렇듯 전반적인 감정관리 패턴(감정인지-내적처리-표현 등)은 성격과 밀접한 관련성이 있다. 그리고 이와 같은 감정관리 패턴은 전형적인 몇가지 패턴으로 구분될 수 있다. 자신의 감정 패턴을 잘 알고 있다면, 감정관리와 관련된 자신의 장단점을 이해하고 그에 맞추어 행동을 조절하거나 통제하는 것이 가능해진다. 반면에 자신의 감정 패턴을 잘 모른다면, 나의 감정관리 상의 문제가 발생하는 것은 물론 자신도 모르게 타인의 감정에 대해 상처를 줄 수도 있다.

감정 관리의 4가지 유형

검사 방법.

1. 다음의 A, B 문장을 읽고, 자신에게 가까운 것 하나씩만 선택하십시오.

2. A/B/C/D 각 항목에 응답한 개수를 합하십시오.

3. A와 B 중 많은 수를 선택한 것은? C와 D중 많은 수를 선택한 것은? 더 많은 수를 선택한 조합(즉, AC/AD/BC/BD 등)이 바로 당신은 유형입니다. 해당 칸에 V표를 하십시오.

A				B
회의 시 큰 소리로 열정적으로 이야기한다	( )	( )		회의 시 조용하고 차분하게 이야기한다
말을 하면서 생각을 정리한다	( )	( )		생각을 정리한 후 말한다
평상 시에 말을 많이 하는 편이다	( )	( )		꼭 필요한 말만 한다
서면보다는 사람과 대면하는 것을 좋아한다	( )	( )		사람과 대면하는 것보다 서면이 더 편하다
먼저 대화를 시작한다	( )	( )		대화가 시작될 때까지 기다린다
총 응답 개수	**( )**	**( )**		**총 응답 개수**

C				D
객관적/비판적으로 말하는 편이다	( )	( )		따뜻하고 감성적으로 말하는 편이다
사적 요소가 배제된 객관성을 찾는다	( )	( )		각자의 입장을 고려해 조화를 찾는다
성과를 위해 구성원의 희생이 필요할 때가 있다	( )	( )		구성원 간의 조화가 최대 성과를 거둔다
논쟁이 필수적이라고 생각한다	( )	( )		논쟁은 필요악이라고 생각한다
합리/논리/설명	( )	( )		공감/이해/수용
총 응답 개수	**( )**	**( )**		**총 응답 개수**

AC	AD	BC	BD

감정관리, 즉 감정을 경험하거나 공감하는 방법 및 감정을 표현하는 방식과 관련하여 다양한 개인차를 보인다. 이를 구분하는 가장 핵심적인 두가지 축은 '감정 민감성'과 '표현 수준'이다.

앞서 기술했던 바처럼 '감정 민감성'은 감정을 있는 그대로 수용하거나 공감하는 능력과 관련된 것이다. 감정형은 감정에 대한 민감성이 높으며, 자신의 감정을 잘 인지하고 타인의 감정도 비교적 잘 공감하는 편이다. 이에 반하여 사고형은 감정에 대하여서도 논리적으로 접근하는 경향을 보인다. 따라서 감정을 분석하는 경향을 보이기 때문에 있는 그대로의 감정을 공감하거나 이해하는 데 한계가 있다.

또 한가지 축은 감정표현과 관련된 것이다. 즉 감정을 표현하거나 드러내는 것이 익숙한 사람이 있는가 하면, 감정을 표현이 제한되어 있거나 억제하는 경향을 보이는 경우가 있다.

이 두가지의 축에 근거하여 감정관리 패턴을 4가지 유형으로 나누어 볼 수 있으며, 각각의 유형에 따라 감정을 관리하는 방식이나 패턴이 무척 상이하다. 4가지 유형은 다음과 같다 : 직설적 표현형(AC), 감정적 표현형(AD), 내적 민감형(BD), 내적 논리형(BC). 그리고 이들을 도표로 표현하면 다음과 같이 표현할 수 있다.

직설적 표현형(AC)은 보통 강한 성취지향적 성격을 보이는 사

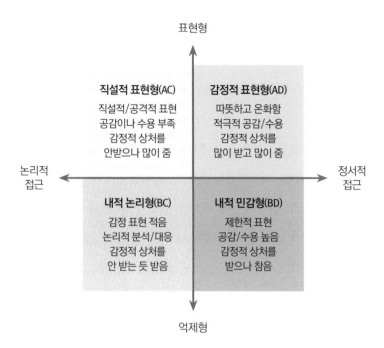

람들로써, 과업중심적이며, 추진력과 실행력이 강한 편이다. 감정과 관련해서도 자신의 감정에 대한 인지능력이 매우 취약하며, 타인에 대해서도 공감을 잘 못한다. 특히 소소한 감정이나 세밀한 감정은 아예 모른다.

이들이 감정을 표현할 때에는 정당한 이유가 있는 경우가 많은 편으로, 좋은 감정이건 안 좋은 감정이건 나름대로의 이유가 있다. 특히 부정적인 감정의 경우에도 자신이 화를 내는 명분과 논리가 매우 뚜렷하다. 그래서 타인을 비난하거나 책임을 물을 때 엄청나게 공격적이며, 상대방에게 큰 위협이 된다. 심한 경우 공포나 두려움을 경험하게 만든다. 하지만 그에 대해서 별로 죄책감도 없으며, 당연한 것이라 생각한다. 왜냐하면 충분한 명분이 있으니까!

감정적 표현형(AD)은 보통 사교적이며 활동적인 사람들로써, 다양한 사람들과 적극적이고 활발한 관계를 추구하는 경향을 보인다. 보기에도 감정이 풍부하고 겉으로 기분 상태가 드러난다. 어떤 날은 즐거움이 넘치며, 또 다른 날은 뭔가 안 좋은 일이 있음을 주변에 널리널리 알린다. 본인의 의도하지 않아도 주변에서 금방 다 알 수 있을 정도로 감정이 풍부하며, 감정이 드러난다.

대체로 타인들과의 관계에서도 감성적인 편으로써, 긍정적인 감정을 표현하고 교류하는 것을 매우 즐긴다. 그런데 부정적인 감정에 휩싸였을 때에는 완전 반대의 모습을 보일 수 있다. 짜증이 가득하며, 감정적 분노가 절제되지 않은 채 표출될 가능성이 높다. 그런데 오래 가지는 않는다. 금방 풀어진다.

내적 민감형(BD)은 차분하고 조용한 성격의 소유자로 평상 시는 온화하고 부드러운 이미지를 보인다. 감정적으로 대단히 민감한 사람들이며, 정교화도 심한 편이다. 그래서 본인의 감정이나 타인의 감정을 느끼기도 잘 느끼고, 공감도 잘하는 편이다. 때로는 필요 이상으로 강하게!

그런데 이들은 별로 감정을 많이 표현하지는 않는다. 표현하더라도 조심스럽게 절제된 방식으로 표현하는 편이다. 특히 부정적인 감정은 마음 속에 담아놓고 아예 잠금장치를 해 버린다. 그렇다고 해서 상처를 안 받는 것도 아니다. 가장 상처를 많이 받는 편으로서, 아마도 가슴을 열어서 볼 수 있다면 가장 시퍼렇게 멍들어 있는 마음을 가진 사람이 이들일 것이다.

내적 논리형(BC)은 비교적 차갑고 냉정한 이미지를 가지며, 조용한 가운데 날카로운 분석력을 보이는 사람들이다. 감정에 대해서 인지도 잘 못하고 관리도 잘 못하는 편이다(단, 본인들은 그렇게 생각 안할수 있음). 아예 감정이 무엇이냐고 물을 사람들이다. 타인의 감정을 공감하거나 이해할 수는 있지만 시간과 경험이 뒷받침 되어야 한다. 왜냐하면 논리적으로 납득되고 이해가 되어야 하니까!

타인과의 관계에서도 감정적 교류는 매우 제한적이다. 최소한의 교류만 하며, 이런 교류의 필요성이나 중요성에 대해서도 잘 모른다. 상처를 받기는 받는다. 그런데 점차로 받는다. 처음에는 '이 미묘한 느낌이 뭐지?'라고 생각하다가 생각할수록 상처가 되는 유형이라고 볼 수 있다.

이렇듯 감정관리와 관련된 개인차는 무척 크다. 문제는 사람들이 이렇게 서로 다른 감정 패턴을 가지고 있다는 생각을 잘 하지 못한다는 것이다. 대신에 '다른 사람도 나와 같을 것이다!'라고 생각하는 것이 화를 불러 일으킨다.

예를 들어 직설적 표현형 사람들은 본인이 상처를 덜 받는다고 느끼기 때문에 감정 표현이 거칠고 강하다. 이에 상처를 받은 사람의 반응에 대해서 "왜? 뭐가 그렇게 상처가 되었는데? 말해봐~ 설명을 해야 알지!!'라고 말하며 더 압박감을 주기도 한다.

반면에 내적 민감형 사람들이 감정 표현을 억제하고, 특히 부정적 감정을 표현하지 않는 이유는 '다른 사람이 나처럼 상처가 될까 봐'이다. 본인이 감정적으로 예민하고 민감하기 때문에 '다른 사람들도 그럴 것이다'라고 생각하는 경향이 강하다. 그래서 가능한 한 부정적 감정 표현을 자제한다. 그래서 더 힘들다!

감정관리 실패 시
행동패턴

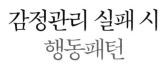

만약 스트레스와 같은 심한 부정적 감정에 휩싸이거나 심리적 에너지가 부족해지는 경우에는 일반적인 감정관리 패턴과는 다른 감정패턴을 보이는 경우가 발생한다. 평상시 보다 훨씬 극적이고 강한 행동들이 드러나게 되는데, 이 때 문제가 발생될 가능성이 높아진다. 따라서 자신의 감정 관리가 실패하였을 때의 잠재적인 문제행동을 잘 인지하고 예방하는 것도 중요한 과업이 된다.

일반적 상황에서는 위에 언급한 것과 같은 감정패턴을 보이나, 큰 스트레스를 받거나 혹은 감정적으로 격앙된 상황에서는 좀 다른 패턴의 문제들이 드러난다. 그리고 그 때 '직장 내 괴롭힘'이 발생할 가능성이 높다. 즉, 정서적인 공격이나 상처가 발생한다는 것이다.

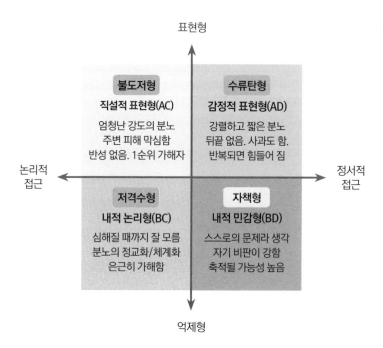

직설적 표현형(AC)의 경우에는 한번 폭발하면 아무도 감당할 수 없으며, 거슬리는 모든 사람에게 깊은 상처를 남길 수 있다. 그

래서 보통 '불도저형'이라고 표현한다.

이들의 감정표현이 문제가 되는 이유는 원래도 직설적인 표현이 강한데, 화가 났을 때에는 나름대로의 근거와 논리를 바탕으로 한 직설적 표현을 하기 때문에 매우 공격적이다. 너무도 당당하게 자신의 분노와 화를 표출한다. 이렇게 화를 내는 직설적 표현형 사람에게 어설프게 따지고 들거나 맞섰다가는 더 큰 화를 입게 된다. 그래서 정서적 괴롭힘의 가해자로 지목되는 경우가 많으나, 이 자체에 대해서도 분노하여 더욱 문제를 일으키는 경우가 자주 있다. 왜냐하면 자신은 충분한 근거와 명분을 가지고 화를 냈으니까!

감정적 표현형(AD)의 경우에는 생각보다 자주 화를 낸다. 왜냐하면 감정적 변화가 변화무쌍한 편이며, 부정적 감정에 사로잡히면 바로 드러나기 때문이다. 그래서 이들을 '수류탄형'이라고 칭한다.

아주 큰 소리를 내면서 '빵빵' 요란하게 터진다. 하지만 그 범위나 피해는 제한적이다. 그리고 한번 화를 내고 나면 그 다음에 후유증이나 뒷끝은 없는 편이다. 대부분은 화낸 것에 대하여 민망해하면서 사과를 하는 행동을 하기도 한다. 가끔 백화점에서 큰 소리치고 난리를 부리다가 '원래는 내가 그런 사람은 아니에요. 화내서 미안해요~'라고 바로 사과하는 사람들이 바로 이 유형 사람들이다.

내적 민감형(BD)은 오히려 내적 문제가 심각해지는 경우가 많다. 즉, 문제의 원인을 자신에게 돌리거나 자책을 하는 경우가 많기 때문이다. 그래서 스스로의 우울이나 분노가 축적될 가능성이 높다. 그리고 이렇게 축적되는 과정에 대해서 본인도 괜찮다고 생각하거나 주변에서도 특별한 문제를 못 느끼는 경우가 많다.

그래서 내적 민감형이 문제가 드러나게 되는 시기 정도 되면, 이미 내면의 우울감과 상처가 크거나 혹은 정서적으로 많이 힘든 상태인 경우가 많다. 상담 내담자들 중에 제일 많이 찾아오는 유형이기도 하며, 심리적으로 예민한만큼 상처도 많다. 평상 시 적극적인 내적 스트레스 관리나 감정관리가 필수적이다. 아니면 크게 다친다.

내적 논리형(BC)은 본인이 스트레스나 분노가 축적되는 과정에 대해서도 잘 인지하지 못한다. 그래서 어느 정도 문제의식이 생기고 문제가 드러날 때에는 별로 해결책이 없는 경우가 많다. 왜냐하면 오랜 기간에 걸쳐 내적인 분노나 부정적인 감정을 체계화하고 정교화하는 경향을 보이기 때문이다.

그래서 만약 행동을 제대로 시작하게 된다고 이들의 분노를 피할 방법이 거의 없다. 만약 이들이 가해자 역할을 한다면, 조목조목 사람 목을 조이는 듯한 느낌으로 가해를 할 수 있다. 왜냐하면 그만큼 체계적이고 정교화된 내적 논리를 가지고 있기 때문이다. 반면에 피해자라고 한다면 아마도 지금까지 자신이 당했던 부당한 행동들에 대한 증거를 이미 완벽하게 수집해 놓았을 것이며, 이 증거들의 퀄러티도 녹음이나 녹취록 수준일 것이기 변명이나 반론의 여지가 없을 것이다.

각 유형을 위한
진심어린 조언

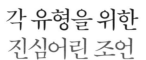

감정관리 패턴으로 인한 갈등이나 문제를 방지하고 예방하는 방법 중 가장 좋은 것은 선조치이다. 문제가 생긴 후에 이를 수습하는 것보다는 자신의 장단점에 기초한 건강한 문제의식을 바탕으로 보다 합리적이면서도 모두가 행복할 수 있는 방법들을 미리부터 준비하고 개발하는 것이 가장 좋은 정답이다.

직업적 특성 상 직장 내에서 '폭언' 문제와 '직장 내 괴롭힘'이나 '성희롱' 문제로 의뢰되는 경우들이 많이 있다. 심지어는 사내 상담 센터가 있는 경우에도 이와 같은 이슈는 따로 관리하는 경우가 많다.

왜냐하면 이와 같은 문제들의 경우에는 일반적 상담 이상의 인사적 차원의 접근과 더불어 향후 법적인 문제나 다양한 측면에서의 복합적 접근이 필요한 경우가 많기 때문이다. 또한 직장 내에서 발생하는 문제들의 경우에는 분명한 처벌도 중요하지만 동시에 사과나 화해도 동시에 이루어지는 것이 가장 이상적이고 바람직하기 때문이다.

이와 같은 전문직업 상 경험을 바탕으로 하여 각 유형에 대하여 다음과 같이 조언하고자 한다.

직설적 표현형(AC)은 솔직히 별로 조언하고 싶지 않다. 왜냐하면 문제를 인정하지도 않고, 상담자나 코치도 상당히 정교하고 체계적인 논리를 가지고 접근하지 않으면 오히려 나에게 화를 내거나 역공을 하는 경우가 많기 때문이다. 아마도 '직장 내 괴롭힘'이라는 법 자체에 대한 관심이나 심각성 인식도 적을 가능성이 높으며, 특히 자신이 문제가 있다는 생각을 별로 하지 못한다. 그래서 잘 변하지도 않는다.

그래서 당부한다. 제발 문제라고 좀 생각했으면 좋겠다. 특히 강한 직설적 표현형은 정말 무섭다. 직장 내 사람들에게 공포와 두려움을 줄 수 있다. 그리고 많은 상처를 뿌리고 다닌다. 본인이 아무리 합리적이고 타당한 명분이 있다고 하더라도 다른 사람은 상처를 받을 수 있다. 직설적 표현형의 상사가 너무 힘들어서 상담을 오는 경우는 셀수도 없을 정도이다.

감정적 표현형(AD) 역시 문제의식이 깊지는 않다. 문제라고 생각하기도 하며, 사과도 잘하고, 풀기도 잘 푼다. 하지만 깊이 있는 문제의식이 없으며 문제행동을 반복할 수 있다. 특히 본인이 불편하고 싫어하는 사람이 있다면 그 사람을 대할 때에는 상당히 조심하여야 한다. 왜냐하면 수류탄도 맞은 사람에게는 피해가 크며, 반복해서 맞으면 심한 상처를 입기 때문이다.

이 유형의 사람은 감정적으로 민감하고 감정적 표현이 화려하기도 하지만 생각보다 내적 감정을 관리하는 면은 부족하다. 그리고 타인에 대한 정교하고 치밀한 공감이나 이해도 상대적으로 미흡한 편이다. 따라서 섣부른 접근이나 조언을 했다가 오히려 문제를 악화시키는 경우도 많이 발생함에 주의해야 한다.

내적 민감형(BD)은 상담을 꾸준히 다니라고 조언한다. 문제가 있어서가 아니라 우리가 신체적 건강을 증진시키기 위하여 헬스

클럽을 다니듯이 마음을 좀 더 튼튼히 하고 스트레스가 축적되지 않도록 하기 위해서 상담이나 코칭을 지속적으로 받는 것이 좋다.

왜냐하면 심리적 스트레스가 축적되고 감정적인 상처가 쌓이면 그 누구라도 힘들고 지친다. 보통 내적 민감형의 상사들은 자기 희생적이면서 경청과 수용이 돋보이는 배려형 리더인 경우가 많다. 그런데 본인이 지치고 힘들면 이와 같은 장점들이 감소할 수밖에 없다. 그래서 항상 본인의 심리적 에너지를 관리하고 부정적 감정을 정기적으로 풀어내라는 건강한 의미로 상담을 권유한다.

내적 논리형(BC)의 경우에는 EQ 향상 및 감성리더십 연습을 권한다. 철저한 업무처리와 완벽한 업무 품질 등에 대해서는 누구라도 이견이 없을 것이다. 하지만 직장 생활, 특히 많은 사람들이 함께 일하는 직장에서는 사람도 중요하고 그들의 감정도 중요하다. 더욱이 본인이 리더의 역할을 담당하고 있다면 더욱 관계 및 사람관리 역량 개선에 대해서 집중할 필요가 있다.

만약 이와 같은 감성관리능력이 향상된다면 3가지 큰 이득을 얻을 수 있다. 우선 본인의 행복과 즐거움이 증가한다. 틀림없이 증가한다. 그리고 본인의 행복을 기반으로 하여 타인을 즐겁게 해주거나 기쁘게 해주는 능력이 늘어난다. 이것이 바로 이들이 스스로 취약하다고 생각하면서도 방법이 없다고 생각하는 전형적 이슈이다. 그리고 나면 아마도 모두가 합심하여 궁극적인 성과가 올라가거나 고품질의 결과가 찾아올 것이다.

여기에서의 조언이 모두에게 맞을 수는 없다. 우선은 유형 구분 자체가 간편형으로 이루어졌다. 그 많은 리더와 직장인들의 성향을 4가지로만 구분할 수 있겠는가?! 당연히 그것은 불가능할 것이다.

하지만 굳이 유형을 구분하고 그에 대하여 분석하며, 나름대로의 전문성과 경험을 기반으로 한 조언에 귀를 기울여 주기를 간절히 바란다. 아마도 어떤 리더라도, 그리고 어떤 직장인이라도 저 4가지 성향을 어느 정도 겸비해서 가지고 있을 것이기 때문이다.

책을 저술하고 있는 지금 이 시점을 기준으로 보았을 때 지난 주에만 25명 정도의 직장인을 상담하였으며, 그 중에 리더급만 10여명이었다. 이를 일년만 따져도 최소한 천명은 될 것이다. 그들의 아픔과 어려움을 공감하고 위로하고 치유하면서 드는 생각이 있다. 왜 똑 같은 문제들이 이렇게 반복될까 하는 생각을 하게 된다.

이를 방지하고 예방하는 방법 중 가장 좋은 것은 선조치이다. 문제가 생긴 후에 이를 수습하는 것보다는 자신의 장단점에 기초한 건강한 문제의식을 바탕으로 보다 합리적이면서도 모두가 행복할 수 있는 방법들을 미리부터 준비하고 개발하는 것이 가장 좋은 정답이라고 생각한다. 본 장에서의 내용들이 그런 당신의 노력에 도움되기를 바란다.

감정을 존중하기 위해 가장 먼저해야 하는 것은 역지사지이다.

내가 가장 행복하고 기뻤던 순간을 떠올려 보라.

그때의 느낌을 다른 사람에게도 경험하게 하라.

내가 가장 힘들고 괴로웠던 순간을 떠올려 보라.

다른 사람이 그런 느낌을 경험하지 않도록 조심하라.

이것이 가장 간단하면서도 확실한 감정-존중의 기술이다.

PART 8

감정 존중의 기술
(feat. 반성 & 사과)

역지사지가 답이다

"생각해보니 그렇더라구요. 저도 사원시절에 참 힘들었거든요. 특히 첫번째 직장에서 만났던 상사는 지금 생각해도 끔찍해요. 그런데 막상 리더가 되고 나니 어느 정도는 그때 상사의 입장이 이해가 되기는 해요. 그런데 어느 날 제가 그 상사가 했던 행동을 그대로 하고 있다는 것을 깨달았을 때에는 온몸이 소름이 돋는 듯한 기분이었어요. 내가 그렇게 싫어하던 사람의 행동을 내가 그대로 하고 있었다니…"

사람은 생각보다 객관적이고 합리적이지 못한 경우가 많다. 특히 자신과 관련된 일에 대해서는 더욱 그렇다. 왜냐하면 나에 대한 평가는 나름대로의 이유와 논리가 있으며, 이를 반영한다면 어쩔 수 없는 행동이거나 충분히 명분있는 행동이기 때문이다. 단, 타인에 대하여 평가할 때에는 이런 내적 논리나 명분을 고려하여 반영하지 않는다. 그래서 내 입장을 판단할 때보다 더욱 냉철하고 객관적으로만 평가한다. 이로 인해 '내로남불'(내가 하면 로맨스, 남이 하면 불륜)이라는 현상이 생기는 것이다.

'직장 내 괴롭힘' 문제의 경우에도 '내로남불'의 원칙이 그대로 적용된다. 우리 모두는 '직장 내 괴롭힘'의 희생자였던 때가 있다. 그리고 그로 인해 충분히 고통받았으며, 나는 절대 그렇지 않겠다고 다짐도 했을 것이다. 그런데 어느 순간 가해자의 역할을 하고 있기도 한다. 그런데 자신이 피해자였을 때의 아픔이나 다짐은 찾아보기 힘들다. 오히려 가해행동에 대한 다양한 명분과 논리를 기반으로 해서 현재의 행동을 합리화한다.

우리는 과거에 누군가의 후배였던 적이 있다. 그리고 한 집단을 이끄는 리더였던 적도 있다. 그 당시 나는 어떤 사람들을 좋아하고 어떤 사람들을 싫어했던가? 이런 기억들을 더듬어 본다면 어떻게 행동하는 것이 적절한지에 대한 답변을 금방 얻을 수 있다.

'남의 눈에 들어있는 티끌'은 보면서도 '내 눈에 있는 들보'는 못 보는 법이다. 이런 현상이 발생하는 이유는 나에 대해서 적용하는 기준과 타인에 대해 평가하는 기준이 서로 다르기 때문이다. 자신에 대해서는 허용적이고 관대하면서 타인에 대해서는 엄격한 경우 이 속담이 딱 들어맞는다.

가장 중요한 것은 필요에 따라서 스스로를 '객관화' 할 수 있어야 한다는 것이다. 나를 하나의 객체로 놓고, 냉정하고 객관적인 기준에 의해 판단하고, 합리적이고 논리적으로 분석할 수 있어야 한다. 그에 따라 도출된 결론과 개선 방법은 항상 나를 발전시킨다.

이 과정을 쉬운 표현으로 '역지사지(易地思之)'라고 한다. 내가 상대방의 입장이라면, 그리고 상대방과 같은 상황이라면 어떻게 느끼고 판단할 것인지를 연습하라. 이런 연습이 습관이 된다면 타인과의 관계에서 갈등이 줄어들 뿐 아니라 타인들이 선호하는 사람으로 자리매김 할 수 있다. 만약 그렇다면 '직장 내 괴롭힘' 같은 문제는 생기지도 않거나 혹은 그런 일이 발생하였다고 하더라도 사과하고 화해하며 쉽게 해결될 것이다.

역지사지는 대인관계에서 가장 강력한 힘을 발휘하는 스킬이다. 타인의 입장이나 감정을 공감하고 이해하는 좋은 기술이며, 이에 기반하여 타인을 응대할 경우 긍정적인 교류가 증가하고 갈등이나 문제가 감소할 수 있다.

하지만 경험해 보지 않은 것에 대해서 역지사지하는 것이 생각보다 쉬운 것은 아니다. 리더가 되어 본 적이 없다면 진정으로 그의 입장과 어려움을 공감하기 어렵다. 또한 학교에서의 리더 경험과 직장에서의 리더 경험은 그 속성이나 내용이 다르기 때문에 역지사지에 참고하기에는 한계가 있는 것도 사실이다.

이와 같은 역할 상의 역지사지는 그나마 쉬운 편이다. 의식주 자체를 해결하기 어려웠거나 혹은 풍족하지 않은 시대에 어린 시절을 보낸 사람들은 물자가 풍부하고 여유가 넘치는 시대에 어린 시절을 보낸 사람들을 역지사지하기가 쉽지 않다. 상당한 정교화와 노력이 필요하다. 혹은 다른 성격을 가진 사람에 대해서 공감하고 이해하는 것도 마찬가지로 쉽지 않다. 다른 성격과 성향을 가진 사람들의 특징에 대한 공부와 더불어 다른 성격의 사람들을 만났을 때 실제적으로 경험하는 감정을 관리하는 것 까지를 마스터해야만 한다.

그런데 중요한 것은 진짜 역지사지를 했는가 하는 결과가 중요한 것이 아니다. 상대방이 자신이 할 수 있는 한 얼마나 노력했는지가 더 중요하다. 그래도 상대방을 이해하고 노력하려는 행동을 보이는 사람에게는 설명하고 소통하고자 하는 마음이 든다. 그리고 이런 마음은 결국 소통과 교류를 통해서 문제를 해결하고 더욱 신뢰로운 관계로 발전하는 지름길이 된다.

반면에 자기 기준만을 강조하고, 나의 입장을 이해하고자 하는 태도나 행동이 전혀 없는 경우에는 감정적으로 대화조차도 하기 싫어진다. 이런 사람들이 전형적으로 하는 표현들이 있다. 그것은 바로 '예전에는 말이야', '네가 잘 몰라서 그러는데…', '너 말이 무슨 말인지는 알겠어, 그런데…', '네가 뭘 안다고…' 등이다.

이런 표현들의 배경에는 '너는 틀리고, 내가 맞아!!'라는 심리가 깔려 있다. 이렇게 행동하는 사람들을 보통 '꼰대'라고 지칭하며, 이들이 보이는 행동을 '갑질'이라고 한다. 즉 '꼰대'들이 하는 '갑질'의 핵심은 "I'm OK, and You're not OK"인 것이다. 오직 나만이 옳고 내 판단이 중요하며, 상대방의 생각과 판단은 틀리다고 주장하는 것이다.

이런 정의에 기초해서 본다면, 나이를 먹는다고 '꼰대'가 되는 것이 아니며, 성격이 나쁘고 이상한 사람들만 '갑질'을 하는 것이 아니다. 나의 생각이나 판단 만이 옳다고 생각하고, 타인의 입장이나 생각에 대해 역지사지하지 못하거나 공감/이해하지 못하는 사람들은 '꼰대'이며 '갑질'을 하는 것이다.

'꼰대'가 되고 싶은가? '갑질'을 일삼는 이상한 사람으로 취급받고 싶은가? 그렇다면 '역지사지' 하지 말고 본인의 생각대로만 판단하고 행동하라. 그런데 사람들과 행복하고 즐겁게 지내고 싶다면, '역지사지'가 정답이다. 더욱 정확하게는 '역지사지'하고자 노력하는 습관을 들이면 된다. 당장 큰 성과를 얻지 못할 수도 있으나 장기적으로는 당신의 대인관계 상 신뢰와 만족을 가져올 것이며, 결과적으로 그에 기반한 행복도 가져다 줄 것임에 틀림없다.

반성과 사과가
훌륭한 행동인 이유

"박사님과 약속한대로 사과했습니다. 솔직히 사과하기 전까지는
계속 망설였거든요. 괜히 나를 우습게 보는건 아닐지, 그리고 나
중에 내 말이 안 먹혀들면 어쩌지 하는 걱정도 많았어요. 그런데
막상 사과하고 나니까 마음이 편하고 좋더라구요. 그 직원도 고
맙다고 하더라구요. 다시 예전의 서로 관계가 좋았던 시절로 돌
아간 것 같은 기분이었어요."

'직장 내 괴롭힘'과 관련하여 한편에서는 걱정과 불안감도 많다. 어떤 경우에는 '아예 부하직원들과는 대화도 하지 말아야 하나?' 나 혹은 '부하직원들 무서워서 어디 살겠어요?!'라고 말하기도 한다. 그런데 이런 표현들에는 잘못된 전제가 있다. '괴롭힘'을 할 것이라는 전제가 깔려 있는 것이다.

부하직원과 대화는? 하면 된다. 다만 지위나 역할을 기반으로 '괴롭힘'을 하지 말라는 것이다. 내가 충분히 조심하고 배려하였으며, 그래서 업무 상 범위 내에서 업무적 내용에 집중하여 대화했다면 부하직원들을 무서워 할 이유가 전혀 없다. 단, 그들에게 분명한 '괴롭힘'을 제공했다면 아마도 무서워해야 할 것이다.

사람이니 잘못을 하고 실수를 할 수도 있다. 하지만, 그로 인한 대가는 치루어야 한다. 그래도 그나마 자신의 실수나 잘못으로 인한 문제를 최소화하는 방법은 무엇일까? 그것은 바로 사과이며, 진정한 사과를 위해서는 반성이 선행되어야 한다. 만약 진정으로 잘못을 인정하고 사과를 하게 된다면, 서로가 가진 상처는 조금이나마 아물 것이고, 용서와 화해가 이루어질 수도 있을 것이다.

옛 말에 '말 한마디로 천냥 빚을 갚는다'는 표현이 있다. 그런데 말 한마디로 천냥 빚을 갚거나 마음의 빚을 갚을 정도 되려면 얼마나 큰 노력과 준비가 필요할까? 분명히 엄청난 노력과 준비가 필요하며, 실제로 빚을 갚는 과정까지 수많은 시행착오가 필요할 것이다. 그 와중에 가장 필요한 덕목이 진정성이며, 이를 위해서는 진지한 반성과 사과가 필요하다.

왜 그런지에 대해서는 사과나 반성이 없는 경우를 생각해보면 간단하다! 사과나 반성이 없는 사람들을 보면 어떤 생각과 기분이 드는가? 아마도 화가 치밀어 오르고 공격적인 마음이 끓어오를 것이다. 반성할 줄 모르고 사과할 줄 모르는 사람의 예는 당장 인터넷이나 뉴스를 조금만 살펴봐도 넘쳐난다.

그런 사람들을 보면서, 우리는 '어쩜 인간이 저럴까?!', '대체 왜 저러는 거야?'라고 반문하는 경우들이 많다. 그런데 생각보다 반성이나 사과는 고차원적인 행동이며, 상당히 성숙된 인격이 있어야 하는 행동들이다. 생각보다 쉬운 행동이 아니며, 오히려 반성이나 사과를 하는 사람들을 용기있고 훌륭한 사람들로 보는 것이 더 맞다. 그 이유는 무엇일까?

반성과 사과가 훌륭한 첫번째 이유는 **"자신의 단점이나 문제를 인정하는 것만으로도 큰 용기이기 때문"**이다. 사람이 살다 보면 당연히 잘못을 하고 실수를 할 수 있다. 사과나 반성의 전제는 자신의 단점이나 문제를 인정하는 것이다. 그래야 사과와 반성이 나올 수 있다. 이와 같이 자신의 단점이나 문제를 인정하는 것만도 큰 용기가 필요하다.

잘못을 하는 경우, 실제로는 자신이 잘못했다는 것을 아는 경우가 많다. 그리고 상대방이 왜 화가 났는지, 그리고 내가 어떤 부분에 대해서 상처를 주었는지에 대해서도 인지하는 경우가 흔하다. 하지만 나 자신을 방어하기 위하여, 혹은 내가 비난받을 것에 대한 두려움으로 인하여 우리는 이를 쉽게 인정하거나 수용하지 못한다. 거꾸로 자신의 행동에 대한 정당성을 부여하거나 명분을 찾아 이를 설득하려고 한다. 이를 "변명"이라고 한다.

직장 내 괴롭힘의 가해자들도 자신이 문제행동을 하고 있다는 것을 안다. 그래서 최근에는 면담 시 아예 스마트폰을 가지고 들어오지 말거나 아예 폰을 끄라고 말하는 경우들이 있다. 즉 대화가 녹음될 것을 방지하는 것이다. 이 얘기는 곧 대화가 문제의 소지가 있다는 것을 인지하고 있는 것이다. 이게 무슨 짓인가? 그렇다고 폰을 껐는지 확인하는 것이 말이 되는가? 당연히 문제가 될 행동을 하지 않도록 하는 것이 더 올바른 방법이다.

우리는 이 과정에서도 명분과 당위성을 찾는다. '부하직원이 문제가 있어서', '우리 팀 전체를 위해서 어쩔 수 없이', '상대방이 더 발전하고 성장하도록 하기 위해서' 등 본인(피해자)은 인정하지도 않고, 원하지도 않는 명분을 붙이는 경우가 많다.

'괴롭힘'이나 소위 '갈굼', 그리고 의료계 일부에서의 '태움' 등과 같은 강압적 행동과 태도는 실제로는 상당히 편리하다. 왜냐하면 상대방의 행동을 통제하기 쉽기 때문이다. 강력한 독재정치 하에서는 위정자는 큰 고민을 할 필요가 없다. 그냥 본인 맘대로 하면서, 말을 듣지 않는 사람은 잡아들이고 처벌하면 되기 때문이다.

그런데 강력한 독재정치가 영원한 것을 보았는가? 독재정치에 저항하는 세력들이 꾸준히 성장하면서 어느 순간 균열이 생기고, 결국은 무너지고 마는 역사적 사실은 무수히 보아 왔다. 그 이유는 독재정치 자체가 국민들의 내적 분노와 적대감을 키우며, 이는 결국 강력한 저항의식과 더불어 '더 이상 참지 못하는 순간'이 되면 행동으로 분출되기 때문이다.

직장 내에서의 강압적인 태도와 행동도 마찬가지이다. 신입사원 시절이나 아직은 힘이나 능력이 부족할 때에는 어쩔 수 없이 이와 같은 방식에 순응할 수 밖에 없다. 그렇다고 해서 상처를 받지 않고 힘들지 않은 것은 아니다. 분명히 힘들고 고통스럽다. 하지만 어쩔 수 없이 참고 있는 것이다.

그러나 결국 나름대로의 판단을 반복해 보아도 문제가 있다고 생각이 들거나 사회적으로 이슈가 되는 사건들을 보면서 점차로 생각이 달라지게 된다. 그리고 이번 법 제정과 같이 구조적이고 법률적인 지원까지 이루어진다면 더 이상 부당함을 참을 이유가 없어지는 것이다.

이와 같은 숨겨진 진실을 보는 것은 용기가 필요하다. 왜냐하면 자신이 지금까지 내가 아끼고 소중히 여겼다고 생각하는 부하직원이나 동료에게 '큰 상처를 주는 사람'이었다는 고백을 해야 하는 것이며, '자신의 가치관이 잘못되었다'고 인정해야 한다. 그리고 새로운 관계스킬이나 리더십 노하우를 학습하고 개발하기 위한 상당한 노력과 실행을 보여야 하기 때문이다. 그래서 상당한 용기와 결심이 필요하다.

반성과 사과가 훌륭한 두번째 이유는 **"문제를 해결하고, 서로의 아픔과 상처를 치유하는 시작이 되기 때문"**이다. 그래도 반성을 하고 사과를 하는 경우에는 문제가 해결될 가능성이 뚜렷하게 높아진다. 그리고 이는 바로 치유의 시작이며, 더 좋고 신뢰로운 관계로 발전하기 위한 새로운 시작이 된다. 단, 진지한 사과와 반성의 경우에 그렇다.

회사에서는 정기적으로 다면평가라는 것을 진행하는 경우가 있다. 리더의 행동에 대하여 구성원들이 평가하고 피드백하는 인사평가 시스템의 일종이다. 그런데 다면평가를 하고 난 후 부정적인 피드백을 받은 리더가 느끼는 첫 번째 감정은 대부분은 "분노"와

"서운함"이다. '그동안 내가 얼마나 많은 노력을 기울이고 마음으로 잘해주려고 애를 썼는데, 저런 피드백을 하다니!'가 핵심이다.

그래서 다면평가 결과지에는 항상 '다면평가 결과와 관련하여 부하직원들에게 부정적 피드백을 하거나 평가자를 색출하려는 행동을 하지 마십시오!'라는 단서가 항상 붙는다. 이처럼 명백하게 경고했음에도 불구하고 꼭 부하직원들을 불러서 '너네가 어떻게 나한테 이럴 수 있냐?'라던가 혹은 '정말 서운하고 배신감을 느낀다!'라고 말하는 리더들이 있다. 그리고 '대체 불만이 뭐야?'라고 말하거나 '직접 대 놓고 말하라는 말이야!'라고 더 큰 화를 내기도 한다. 이런 경우 백이면 백, 다음 해의 평가는 더 나빠진다.

이런 행동의 문제는 자신의 문제점을 제대로 인식하지 못하고 있으며, 상대방의 입장을 고려하거나 공감하지 않으려는 태도를 반영하기 때문이다. 더욱이 문제의 원인을 자신에게서 찾지 않고, 타인(즉 평가에 참여한 구성원들)의 탓을 하는 것이다. 이렇게 해서는 절대로 문제가 해결되지 않는다.

자신도 인간으로서 부족할 수도 있으며, 좋은 의도였음에도 불구하고 결과적으로는 잘못된 행동이나 문제를 보일 수 있다고 생각하는 용기가 우선되어야 한다. 이런 용기는 마음과 귀를 열며, 상대방의 입장이나 그동안 보지 못했던 상대의 고통과 어려움을 볼 수 있게 해 준다. 그리고 만약 내가 잘못된 부분들이 있다면 충분히 반성하고 사과하면 되는 것이다. 그리고 이것을 개선하려는 노력과 실행을 시작하면 된다. 이것이 바로 "해결"이다.

사람이니 당연히 부족한 존재이며, 잘못할 수도 있다. 그리고 잘못한 것에 대해서는 사과하고 책임지며, 부족한 것은 채우면 되는 것이다. 그러나 진지한 내적인 반성과 사과가 없다면 이 모든 것은 허사로 돌아간다.

'욱'하는 마음에 아이에게 버럭 소리를 지를 수는 있다. 하지만 아이가 놀라고 무서웠을 마음을 생각하여 '미안해, 아빠가 잘못했어! 사과할께!!'라는 말과 더불어 '앞으로는 소리 지르지 않을게, 미안해!'라고 말하는 순간 아이는 덜 두려워지며 상처 받았던 마음이 어느 정도 치유된다.

자신의 관점에서 다그치거나 비판해서 회사를 그만두고 싶을 정도로 마음의 상처가 깊어져 퇴사를 결심하게 된 부하직원에 대해서도 '자신의 부족함과 그동안의 상처 주었음'에 대하여 사과하는 것이 필요하다. 진지한 사과와 더불어 그 사람의 어려웠던 점에 대해서 이해하고 수용해주며, 앞으로의 개선을 약속한다면 그는 퇴사 결심을 바꿀 수도 있다.

이처럼 진정한 반성과 사과는 문제를 해결하는 데 있어서 핵심적 단계이다. 문제로 인하여 상처 받은 사람들의 마음을 위로하고 달랠 수 있으며, 그로 인한 부정적 결과들을 바꿀 수 있다. 적어도 문제로 인한 부정적 영향이나 파급효과들을 최소화할 수 있다.

사과의 기술

"솔직히 만나기 조차도 싫었어요. 그래도 사람들이 다들 사과한다고 하는데 만나주라고 권해서 그래도 좋은 마음으로 한번 만나줬어요. 그런데 저보고 뭐라고 하는지 아세요? 그러게 '왜 그렇게 짧은 치마를 자주 입고 다니냐'는거에요. 그러면서 '그냥 다리가 예뻐서 예쁘다고 한거니까 기분 나빠하지 말고 좋게 생각하라'는거 있죠?! 딴 사람도 아니고 당사자가 그렇게 말하니까 정말 너무 열받고 돌겠더라구요. 그래서 결심했어요, 정식으로 문제제기하고, 처벌받을 수 있게 공식적으로 조사를 요청하려구요!"

얼마 전 SNS로 유명세를 얻었던 스타급 인물이 운영하는 온라인 쇼핑몰에서 자신을 유명하게 만들어준 수단인 SNS로 불만을 표현한 고객의 불만에 대하여 미숙하게 처리했다가 문제가 커진 사건이 있었다. 초기에는 사소한 고객 불만으로 시작되었다. 하지만 이 사태는 일파만파로 커지면서, 결국 해당 인물이 임원에서 사퇴를 하고, 결국에는 검찰수사까지 받는 지경에 이르렀다.

왜 이런 현상이 일어났을까? SNS에서 유명해진 스타급 인물이 어떻게 SNS 상에서의 사소한 이슈를 제대로 관리 못하여 결국 이 지경에 이르게 되었을까?

사람들은 살면서 대부분 실수나 잘못을 한다. 완벽한 존재가 아니기 때문에 어쩔 수 없는 일이기도 하다. 나중에 생각해보면 '왜 그랬을까?ㅜㅜ' 후회가 밀려오는 하나, 그 또한 피할 수 없는 인생의 일부분일 것이다.

그런데 그것을 수습하거나 해결하는 문제는 다른 문제이다. 잘못이나 실수는 누구나 할 수 있지만, 그로 인한 후유증이나 파생되는 문제의 정도는 매우 다르다. 어떤 경우에는 사소한 실수가 큰 파장을 일으키기도 하고, 반대로 큰 문제를 일으켰으나 생각보다는 좋은 결과로 마무리되기도 한다.

이런 차이를 결정하는데 있어서의 가장 중요한 요인이 바로 "사과"이다. 인간이 실수나 잘못을 할지언정, 이를 수습하거나 대처하는데 있어서 가장 핵심적 방법이 바로 "사과"이다. 잘못이나 실수를 하였으나 적시에 진정성 있는 '사과'가 이루어지는 경우에는 문제가 커지지 않고 수습되는 경우가 많다. 그러나 적절한 사과가 이루어지지 않거나, 혹은 잘못에 대하여 인정하지 않고 어설픈 변명을 하는 것을 넘어서서 오히려 상대방을 공격하는 경우도 있다. 이런 경우 사소한 문제가 결국은 큰 문제로 비화되는 경우가 비일비재하다.

그럼 어떻게 사과를 해야 하는가? 사과에도 정석이 있는가? 올바른 사과의 방법은 무엇일까?

첫째, 곧바로 사과하라.

올바른 사과의 제1원칙은 '즉시' 사과하는 것이다. 문제가 발생하였을 때, 곧바로 사과하고 잘못을 인정하는 것이 중요하다.

잘못이나 실수는 상대방에게 불편감이나 화를 불러일으킨다. 그리고 이런 불편감이나 화는 그냥 놔두는 경우 점점 커지고 확대되게 된다. 만약 '즉시' 적절한 사과가 이루어지지 않거나 혹은 너무 늦게 사과가 이루어진다면, 그 기간 동안 이와 같은 내적 불편감이나 화는 점점 커지고 확대된다. 그래서 그에 상응하는 더 큰 사과가 이루어져야만 해결된다.

왜냐하면 피해자 입장에서는 "생각할수록 더 화가 나네!"가 될 수 있기 때문이다. 가만히 놓아두고 방치해두면 잘못이나 실수의 피해자가 스스로 감정적 문제를 해결하겠는가, 아니면 '적절한 사과를 하지 않음에 따른 분노'까지 더해지겠는가? 그래서 '곧바로 사과'하는 것이 그나마 문제를 빨리, 그리고 좋게 해결하기 위한 가장 큰 전제이다.

다만, 예외적인 경우가 있다. 만약 상대방이 감정적으로 너무 격앙되어 있다면 그때는 오히려 문제를 더 악화시킬 수 있다. 너무 감정적으로 격앙되어 있는 상태에서 사과를 하는 경우에는 오히려 상대방을 더 자극시킬 위험성도 있다. 그때는 사과할 시기를 기다리는 것이 나을 수도 있다. 하지만 너무 많이 기다리지는 말라! 감정적으로 격앙될 정도라면 '많이 화가 남'을 의미하는 것이다. 적어도 사과를 하려고 준비하고 있거나 시도는 했다는 것 정도는 알리는 것이 필요하다. 그런 암시도 없이 무조건 가만히 기다리기만 한다면 상대방의 격앙된 분노는 더욱 커진다.

둘째, 진정으로 사과하라.

그나마 아무런 사과도 안 한 채로 있는 것이 나은 경우도 있다. 더 큰 문제를 일으키는 것은 '어설픈 사과'이며, 가장 문제는 '적반하장'식 대응이다.

'어설픈 사과'란 간단한 사과의 표현을 하기는 하나 알고 보면 주가 되는 내용은 자신의 입장에 대해서 변명을 하거나 오히려 상대방에게 책임을 돌리는 듯한 내용들이 포함되는 경우를 말한다. 얼마 전 모 유명 항공사의 사주 가족이 막무가내로 비행기를 회항시키고 난 후 사과문을 발표하였다가 더 큰 분노를 산 것이 그 예라고 볼 수 있다. 보통 어설픈 사과는 '잘못했습니다! 그런데..'로 시작된다. 이런 경우에는 99% 더 큰 분노와 화를 불러일으킨다!! 결국 이 사건을 해결하는 데에만도 엄청난 비용과 시간이 들어가는 결과를 초래했다.

또한 생각보다 '적반하장식 대응'도 많이 있다. 가장 흔한 예가 사내 성희롱이나 폭언과 관련된 문제 등에서, 가해자가 자신의 잘못을 인정하지 않고 '피해자의 평상시 행실의 문제' 탓을 하는 경우이다. '원래부터 옷차림에 문제가 있었다'거나 혹은 '원래부터 일을 못하고 감정적이었다'라고 오히려 피해자의 문제로 귀인하는 경우이다.

물론 정말로 그랬을 가능성도 있다. 하지만 명백한 잘못을 저질러 놓고, 그 문제에 대해서는 전혀 사과하지 않거나 형식적인 사과만을 한 채로 피해자의 특성에 귀인하는 것은 옳지 않다. 사소한 불씨에다가 기름을 부어버려 활활 타오르게 해버리는 부적절한 행동이다.

또 한가지 '진정성 없는 사과'는 상반되는 행동을 드러내는 경우이다. 즉, 앞으로는 '사과하는 척' 하면서 뒤로는 다른 행동을 취하는 "이중적 행태"를 보이는 경우이다. 최근 연예인들이나 유명인들이 기자들 앞에서는 '잘못했습니다'라고 말하고서는 정작 조사 중에는 '잘못을 부인'하거나 알고보니 '초호화 변호인단'을 구성해서 더 큰 공분을 일으키는 것이 그 예이다.

게다가 잘못이나 문제를 부인하다가 나중에 '거짓말'이었음이 들통나는 경우에는 도저히 해결방법이 없다. '절대로' 도박이나 폭행을 하지 않았다고 주장했다가, 나중에 상습도박이었다는 것이 밝혀지거나 폭행 CCTV가 나오는 경우 등이 이에 해당한다. 이런 경우에는 '잘못에 대한 사과' 수준의 문제가 아니라 근본적인 인성에 대한 논란으로 확대되거나 그 사람에 대한 신뢰 자체가 손상되기 때문에 회복이 더욱 어렵게 된다.

'진정성 있는 사과'를 하는 방법은 '잘못'에만 초점을 두어 사과하는 것이다. 이유야 어찌되었건 간에, 상식적 수준 이상으로 부하직원에 대해서 소리를 지르거나 비행기를 회항시킨 것은 잘못이다. 변명의 여지없이 도박을 하거나 폭행을 한 사실 자체는 부인할 수 없지 않은가?! '딱 거기까지!!'만 생각하고 '잘못한 부분에 대해서만 진지하게 사과'하라는 것이다. 만약 진정성이 있는 사과가 충분히 이루어진다면, '피치 못할 자신의 입장'이나 '어쩔 수 없었던 이유에 대한 변명의 기회'는 오게 되어 있다. 조급한 마음으로 '어설프게 사과'하거나 '적반하장'하였다가는 속된 말로 '골'로 간다.

셋째, +α하라.

사과를 잘하는 방법 중 하나는 '잘못한 것보다 조금 더 사과'하는 것이다. 잘못한 것보다 좀 더 사과하는 경우에는 상대방도 마음을 쉽게 풀고 상처도 덜 받으며, 오히려 '괜찮습니다!'라고 반응할 수도 있는 좋은 해결방법이다.

만약 길을 가다가 뛰어가는 아이와 부딪쳤다고 가정을 해보자. 어떻게 행동하는 것이 좋겠는가?

1 아이를 나무란다.
2 아이에게 괜찮냐고 묻는다.
3 아이에게 괜찮냐고 묻고 어른인 내가 먼저 아이에게 사과한다.
4 아이에게 괜찮냐고 묻고 사과하고 그 부모에게도 미안하다고 얘기한다.

이 중 어떤 행동이 가장 문제를 적게 일으키고 좋게 해결되겠는가?

'비굴하게 그렇게까지 해야 합니까?'라고 되물을 수도 있다. 하지만 지금은 잘못의 정도를 판단하고자 하는 것이 아니라 좋은 사과 방법을 논하는 자리이다. 그리고 잘못의 정도를 따져서 사과를 하다보면 서로의 판단과 문제의 원인에 대한 생각이 다르기 때문에 더 큰 전쟁이 발생한다. 나는 '아이가 산만하게 뛰어서'라고 생각하고, 상대 부모는 '어른이 부주의해서'라고 생각하면 대판 싸울 수밖에 없다. 하지만 내가 먼저 아이의 부모에게까지 사과의 말을 전하는 순간, '아니에요, 저희 애가 너무 뛰어다녀서 그런걸요!'라는 대답이 돌아올 가능성이 높다. 즉 둘 다 win-win할 수도 있다.

+a만큼 사과하라는 가장 큰 이유는 당신 자신을 위해서이다. 자신의 잘못에 대해서 인정하는 것이 자신에게 상처가 되고 자존심이 상한다고 흔히들 생각한다. 그리고 변명을 해서라도 자신이 잘못하지 않았다는 것을 증명하는 것이 나를 보호하는 길이라고 생각한다. 이는 단기적 관점에서 바로 눈 앞의 현상만을 보고 판단하는 것이다. +a만큼 사과하여 상대방의 마음을 풀어주는 것이 당신 자신을 위한 길이기도 하다. 서로의 마음을 다치지 않게 하는 방법이다.

연예인들이나 운동선수들의 경우를 보라. 잘못이 드러났을 때,

구구절절 변명을 하기보다는 깨끗하게 인정하고 사과하며, 스스로 자숙의 시간을 가지겠다고 발표하는 경우에는 적어도 더 큰 공분을 불러일으키지는 않는다. 그리고 추후에 복귀를 할 경우에도 저항이나 논란이 적은 경우가 많다. +α만큼 사과하는 것이 가장 쉽게, 그리고 서로의 상처를 최소화하는 좋은 방법이다.

넷째, 상대가 용서해야 끝난다.

'상대가 용서해야 끝난다'라고 생각하는 것이 바람직하다. '도대체 언제까지 사과를 해야 합니까?'라는 질문을 많이 받는다. 이와 같은 질문을 하는 사람들은 대부분 사과를 하는 것 자체에 대한 내적인 불편감이 커져 있는 경우이다. 이런 경우 사과 과정이나 표현 중에 내적인 불편감이 내포되는 경우가 많다. 따라서 상대방에게 이런 불편감이 전달될 가능성이 높아지며, 결국에는 '진정한 사과'로 느껴지지 않을 가능성이 현저히 높아진다.

　부부 싸움 후 먼저 사과를 했음에도 불구하고 상대방이 사과를 받아주지 않는 경우, '고만 좀 해! 사과했잖아!! 더 이상 어떻게 하라고?!'라고 욱하는 표현을 해버리기도 한다. 이 '욱'하는 표현은 거의 다 가라앉은 상대방의 분노에 다시 불을 지피며, '거봐, 너는 진정한 사과를 한 게 아니었어!'라는 역공을 불러일으킨다. 그래서 다시 본격적인 2라운드를 시작하게 되는 계기를 제공한다. 단,

2라운드는 당신이 더욱 불리한 상황과 조건이 될 것이다!

감정, 특히 부정적 감정에는 '앙금'이라는 것이 남는다. 이런 부정적 '앙금'이 축적되는 경우, 이후의 사소한 갈등이나 문제가 커지는데 크게 기여한다. 즉, 그 자체로는 문제를 안 일으킬 수도 있으나 감정적 대립이나 문제가 발생하였을 경우 불쏘시개 역할을 할 가능성이 높다. 그래서 사소한 싸움을 크게 만들거나 쉽게 끝날 수도 있는 대립을 오래 가게 만들기도 한다.

만약 당신이 '+a만큼 사과'하고 '상대방이 용서해야 끝난다'라고 생각하는 정도 되면 부정적인 감정적 '앙금'까지도 해소될 가능성이 매우 높다. 그리고 명백하게 계산하기는 어렵지만 분명히 다음에 올 갈등이나 문제와 관련하여 끼칠 수 있는 악영향을 최소화할 수 있다.

소통하고 교류하라

"박사님 감사합니다~ 이제 저희 부부는 잘 지내는 것 같아요. 물론 아예 안 싸우는 것은 아니에요. 아직도 맨날 툭탁거려요^^ 하지만 이제는 싸움이 오래 가지는 않는 것 같아요. 저도 그렇고 남편도 그렇고 싸우고 나면 얼마 안 있어서 서로 사과하고 미안하다고 해요. 그래서 그런지 별로 앙금이 남지는 않아요. 예전처럼 화가 막 쌓이거나 시간이 가면서 점점 더 열받는 일도 많이 없어졌어요. 예전에는 왜 그랬나 몰라요 ㅋㅋ"

우리나라가 이혼율이 높다는 것은 익히 알려진 사실이다. 서로 너무 사랑해서 평생을 함께 하고자 하는 마음으로 하는 것이 결혼인데, 이혼이란 것은 궁극적으로 결혼이라는 제도의 가장 파괴적이고 부정적인 결과일 것이다. 그리고 이혼은 단순히 부부 두사람만의 일이 아니다. 만약 자녀라도 있다고 하면 그들의 정서나 성격에 미치는 악영향도 매우 클 뿐 아니라 서로의 원가족에게 미치는 부정적 영향도 만만치 않다.

협의 이혼을 신청하는 경우 법원이 필요하다고 생각되는 '상담권고제도'라는 것을 시행하고 있다. 이는 충동적인 이혼을 방지하고 이혼 전 다시금 화해와 조정의 기회를 주기 위한 것으로 볼 수 있다. 그러나 실제적인 이용률 자체는 매우 적다고 하며, 오히려 이혼 숙려기간을 단축하기 위한 목적으로 주로 활용되어 그 본래의 목적에 부합하지 못한다는 비판도 있다.

왜 이혼이 많아지고, 저리 좋은 제도가 있음에도 효과적으로 운영되지 않을까에 대해서 생각해 보면, 몇가지 이유가 있을 것이다. 첫째, 이미 이혼하기로 결심이 섰다고 하면, 그 전에는 이미 돌이킬 수 없을 정도의 감정적 손상이 축적되어 왔을 것이다. 둘째, 이혼을 결정한 후 상담을 받으면서 의사결정을 되돌릴 정도의 대화나 소통 의지가 있었다면 이 지경까지 오지 않았을 가능성이 높다.

즉 이혼 문제를 해결하기 위해서는 우선 '문제가 심각해지기 전에' 해결을 시작하는 것이 좋으며, 그 방법은 역시 '충분한 소통과 교류'를 바탕으로 하여 '부정적 감정의 축적'을 방지하는 것이 가장 효과적인 방법이다. 이를 다른 말로 재정리한다면, 평상 시에 충분한 소통과 교류를 통해서 서로 감정적 상처나 아픔을 공유하고 해결하는 부부는 이혼위기까지 오지 않을 것이라는 것이다.

'직장 내 괴롭힘' 금지법과 관련해서도 이와 동일한 접근이 가장 효과적이고 건강한 결과를 도출한다. 물론 법의 내용에는 주로 '문제행동'을 중심으로 기술하고 있으며, 관련된 금지사항이나 처벌을 강조하고 있다. 하지만 이혼 문제를 해결하는데 있어서 건강한 소통과 교류가 핵심적인 것처럼, '직장 내 괴롭힘' 금지법에 대한 대책 또한 건강하고 발전적인 관점에서 찾는 것이 필요하다. 즉, 법 적용으로 인한 문제점이나 예상되는 부작용을 중심으로 접근할 것이 아니라 건설적이고 건강한 해결중심접근을 통해 문제를 풀어갈 필요가 있다.

물론 해당 법률 상 세부 내용 중에는 피해자가 신고를 하거나 문제를 제기하였을 때, 피해자를 구제하거나 지원해야 하는 내용에 대해서 자세히 기술하고 있다. 또한 그 때 활용할 수 있는 다양한 접근법들도 제안하고 있다. 하지만 실제로 문제가 발생하고 신고가 접수될 정도가 되면, 이미 감정적 골과 대립이 너무 심해진 상태라서 해결이 어려운 경우가 많다.

가장 좋고 이상적인 해결방안은 가해자가 충분히 인정하고 사과하여 피해자도 감정의 위로와 치유를 받음으로써 굳이 법의 힘을 빌리지 않아도 되는 것이다. 하지만 이런 방법들이 실제로 실현될 가능성은 적다. 자신의 잘못을 인정한다는 것부터가 상당히 용기가 필요한 행동이며, 이미 손상되고 상처받은 피해자의 마음을 위로하기 위해서는 훨씬 더 많은 위로와 심리적 지원이 필요하기 때문이다.

그래서 가장 좋은 방법은 평상 시에 소통과 교류를 활성화하고 사소한 문제에서부터 대화를 통해서 해결하는 습관이 형성되어 있어야 한다. 그리고 이와 같은 긍정적 습관은 혹시 문제가 발생하더라도 이를 해결하는데 매우 긍정적 기여를 하게 된다. 거꾸로 보면 소통과 교류가 습관되지 않은 사람들이라면, 문제가 발생한 이후에 새롭게 소통과 교류를 시작할 가능성은 매우 적은 것이다.

보통 이혼 위기에 있는 부부가 이혼 위기를 극복하고 좋은 관계를 맺는 과정은 다음과 같다. '서로에 대한 극심한 불만 및 상대방에 대한 격한 비난'에서 문제가 시작된다. 그런데 상담과정에서 일단은 '극심한 부정적 감정의 해결 혹은 최소화'를 하여 그나마 합리적이고 객관적인 판단이나 대응이 가능할 정도의 심리적 여유와 에너지를 확보한다. 그리고 이 영역들을 활용하여 서로의 입장에 대하여 역지사지를 통한 이해가 이루어진다. 그 다음에 각자의 입장에서의 진정한 반성과 사과가 이루어지면 거의 100% 관계가 회복될 수 있다. 물론 이후의 건강하고 발전적인 계획도 필요하다.

이와 같은 부부상담 접근이 '직장 내 괴롭힘'의 해결에도 적용될 필요가 있는데, 그 핵심은 바로 지속적인 '교류와 소통'이다. 즉, '직장 내 괴롭힘'과 관련하여 가장 좋은 방법은 "예방"이다. '예방'을 위해 가장 필요한 스킬과 노하우는 "소통과 교류"이다. 그리고 명백하게 문제가 제기되고 이슈가 발생한 후에 이를 해결하는 방법도 역시 '소통과 교류'이다. 소통과 교류는 거의 유일한 예방 방법이자 해결 방안이다.

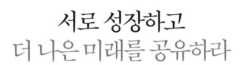

서로 성장하고
더 나은 미래를 공유하라

"문득 1년 전에 박사님께 첫 전화를 드렸을 때가 생각 났어요. 지금 생각하면 그 때 전화드리기를 정말 잘했다 싶어요. 그래도 그 때 전화해서 박사님께서 김과장에 대해서 설명도 해주시고, 특히 보완점이 많은 좋은 파트너라고 조언해주신 덕에 위기를 넘긴거 같아요. 지금은 정말 도움이 많이 된다고 생각되요. 서로 가진 것과 부족한 점이 분명하고, 어떤 점이 서로에게 도움이 되는지를 알고 있으니까요. 이제 김과장은 저희 팀에서 제가 제일 신뢰하고 의지하는 사람이 됐어요."

진정한 '사과와 반성'이 이루어지고 나면, 적극적인 '소통과 교류'를 통해서 문제를 해결하고 예방하기 위한 노력을 기울여야 한다. 그리고 이에 더하여 더 나은 발전과 성숙을 위한 행동을 실천해야 한다. 비온 뒤에 땅이 굳어지듯이 이번 일을 계기로 "서로 성장하고 발전하며, 그로 인해 더 나은 미래를 가질 수 있도록" 실천을 시작해야 한다.

만약 반성과 사과가 진지하고 진정성이 있다면, 궁극적으로는 행동 개선이 이루어진다. 잘못된 부분이 분명하고 그에 따른 부정적 결과들이 확실하다면, 문제를 해결해야 한다. 그리고 동일한 문제를 반복하지 말아야 한다. 동일한 문제를 반복하지 않기 위해서는 변화하고자 하는 노력이 필요하다. 그리고 그 변화가 성공한다면 틀림없이 내적인 성장과 더불어 더 긍정적이고 성숙한 미래가 찾아올 것이다.

축구 대표팀이 때로는 경기에서 질 수도 있다. 어떻게 모든 팀을 다 이기겠는가? 이기고 지고의 문제보다도 더 중요한 것은 그 이후에 어떻게 대처하고 행동하느냐의 문제이다. 그래도 잘했던 점들을 리뷰함과 동시에 미흡하고 부족했던 점들을 고려하여 새로운 전략과 전술을 통해서 다음번 경기에서 더 좋은 실력을 보여주면 되는 것이다.

진지한 반성에 기반하여 잘못이나 실수를 반복하지 않으려고 진지한 노력과 실행을 보이는 리더나 구성원은 이후 진정한 "좋은 리더"나 "좋은 동료"가 될 것이다. 하지만 이런 노력을 게을리 하는 사람들은 좋은 리더나 동료가 되기 어렵다. 오히려 부하직원의 탓을 하거나 비난하는 더욱더 공격적인 리더나 선배가 되어, 더 큰 문제를 일으킬 것이다.

이를 '평행선의 오차'라고 한다. 즉, 지금 당장은 큰 차이가 없어 보이지만 시간이 경과하고 경험이 쌓여갈수록 큰 차이가 벌어진다. 그 핵심적인 전제가 바로 '진지한 반성'과 그에 기초하여 문제를 '반복하지 않기 위한 노력과 실행'이다.

문제행동을 보이는 사람들에 대해서 크게 비난하지는 않는다. 그리고 상담에 찾아왔을 때에도 절대로 혼내거나 문제를 심하게 분석하지도 않는다. 왜냐하면 그들도 나름 희생자들이기 때문이다. 그들이 그런 행동을 보이게 되는 데에는 그들의 리더나 혹은 건강하지 못했던 조직문화의 책임이 상당하기 때문이다.

가끔씩 내담자분들이 자신의 행동에서 예전에 그렇게 싫어했던 자신의 부모나 리더, 혹은 타인들의 모습들을 가지고 있다는 것에 너무 놀랄 때가 있다. 알고 보면 그들도 아파왔으며, 고통받아왔고, 그래서 그런 행동을 보일 수밖에 없었던 것이다. 적어도 그 아픔이나 고통을 대물림하지는 않겠다는 의지와 노력이 필요하다.

이를 위한 가장 첫 번째 과업이 바로 '반성'이며, 그 다음이 '사과'이다. 그리고 '소통과 교류'를 통하여 이를 예방함과 동시에 '더 발전적인 미래'를 계획하고 실행하는 단계를 거친다. 만약 이 과정들을 충분히 노력하여 실천하였다면 분명히 좋은 결과가 있을 것이며, 이후에 충분히 가치가 있었다고 생각하게 될 것이다.

조직은 조직 구성원에 대한 분명한 책임이 있다.

왜냐하면 "일"이란 인생의 반을 차지하는, 그 어떤 것보다도 소중한 것이기 때문이다.

구성원이 행복하고, 자신과 자신의 일을 사랑할 때

조직도 비로서 발전하고 성공하는 것이다.

PART 9

감정 존중을 위한
HR과 경영자를 위한 조언들

행복한 직원이 건강하고
생산적인 조직을 만든다

조직 구성원의 행복을 가장 크게 저해하면서 문제를 유발하는 것
이 바로 '직장 내 괴롭힘'이다. 이는 그 자체로만도 부정적인 영향
이 엄청날 수 밖에 없다. 왜냐하면 '괴롭힘'에는 가해자가 있고 피
해자가 있으며, 가해자는 분노와 공격적 태도가 뚜렷하며, 가해자
는 심각한 심리적 고통을 겪고 있는 상태이기 때문이다. 이런 와
중에 다른 직원들이라고 행복할리가 있겠는가? 서로의 공격과 분
노가 팽배한 상황에서는 그 어느 누구도 행복하고 만족스러울 수
없다. 결국 조직의 발전과 성공에도 부정적인 영향을 끼칠 것이
다. 그래서 조직은 '직장 내 괴롭힘'을 적극적으로 관리해야한다.

직장은 교육기관이나 상담기관이 아니다. 냉정하게 말하면 성과라는 목적을 중심으로 구성된 이차적이고 목적적인 집단이다. 이것은 부인할 수 없는 사실이다. 이와 같은 전제로 인하여 직장 내에서는 개인의 감정보다는 성과나 결과가 중시되는 문화가 팽배해 있다.

하지만 이것이 전부일까? 정말로 성과나 결과를 위해서는 개인성이나 개개인들의 감정이나 고유성이 무시되어도 되는가? 그렇지 않다. 결론부터 말하자면 **행복한 직원이 건강하고 생산적인 조직을 만들고, 그 안에서 양질의 긍정적 성과가 나오는 것이다.** 즉, 행복한 직원이 탁월한 성과를 만들어낸다. 적어도 지치고 힘들고 마음에 상처가 가득한 직원들로는 양질의 긍정적 성과를 도출하기 어렵다.

그런데 이런 접근은 말로만 되는 것이 아니다. 구호나 결의로만 되는 것이 아니다. 직원들이 정말로 행복하게 일하고 느끼고 있는지, 그리고 어떤 점에서 행복을 느끼는지에 대한 면밀한 조사와 분석이 필요하다. 특히 행복하게 해주는 것이 어렵다면 적어도 스트레스 받거나 정서적으로 힘든 점을 개선해주고자 하는 노력 정도는 필요할 것이다.

그럼 직원들을 행복하게 하는 방법은 무엇일까? 그것은 바로 직원들의 "감정"이 최대한 긍정적이어야 한다는 것을 의미한다.

간단히 말해서 직원들이 감정이 가능한 한 '+' 상태이거나 적어도 심한 '-'는 아니어야만 한다.

이와 같이 직원들의 감정 상태에 영향을 미치는 여러가지 요소들이 있다. 특히 직원들의 감정을 '+'로 만들어주는 대표적인 요소는 역시 '성과와 인정'이다. 이는 조직 차원에서는 공정하고 합리적인 '평가와 보상'이라는 수단을 통해서 이루어진다. 이에 더하여 리더들의 '칭찬과 인정' 역시 큰 기능을 한다. 그래서 지속적인 감성 리더십이 필요한 것이다.

이에 영향을 미치는 또 다른 요소는 바로 조직 분위기 및 조직 내에서 이루어지는 대인관계이다. 즉 힘들고 어렵고 지쳐도 그래도 기운내서 회사를 다니는 이유는 그동안 동거동락했던 '동료나 상사와 선후배' 등 "사람" 때문이다. 그래서 조직에서는 항상 긍정적인 조직분위기 및 조직문화를 개선하기 위해서 힘써야 하며, 팀 웍을 조직 성과의 핵심요소로 적극 관리하여야 한다.

반면에 이와 같은 행복을 저해하는 요소들이 있다. 이 또한 적극적으로 관리하여야만 하는 것이다. 그 중 가장 흔한 예는 "(잘못된) 리더십"이다. 리더가 조직을 이끄는 기술이 부족하거나 혹은 건강한 조직장악력이 떨어지면 조직 전체에 혼란이 온다. 또한 구성원들 개개인의 감정관리에 가장 큰 영향, 그 중에서도 부정적 영향을 끼치는 것도 역시 리더의 언행이다.

폭언과 무시를 일삼는 리더와 함께 일하는 직원이 어떻게 '신바람'이 나서 '열정과 몰입'을 보이겠는가? 그래서 가끔 인사담당자들이 '만약 한정된 예산으로 교육이나 훈련을 해야 한다면 어디에 투자하는게 좋을까요?'라고 질문하면 조금의 지체도 없이 바로 "리더"라고 답해준다.

이와 더불어 조직 구성원의 행복을 가장 크게 저해하면서 문제를 유발하는 것이 바로 '직장 내 괴롭힘'이다. 이는 그 자체로만도 부정적인 영향이 엄청날 수 밖에 없다. 왜냐하면 '괴롭힘'에는 가해자가 있고 피해자가 있으며, 가해자는 분노와 공격적 태도가 뚜렷하며, 가해자는 심각한 심리적 고통을 겪고 있는 상태이기 때문이다. 이런 와중에 다른 직원들이라고 행복할리가 있겠는가? 서로의 공격과 분노가 팽배한 상황에서는 그 어느 누구도 행복하고 만족스러울 수 없다. 그래서 조직은 '직장 내 괴롭힘'을 적극적으로 관리하는 것이 필요하다.

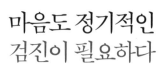

마음도 정기적인
검진이 필요하다

마음건강검진은 세가지의 긍정적 기능이 있다. 그 첫번째는 현재 조직의 감성관리 수준이나 감정 상태를 정확히 파악할 수 있다는 것이다. 두번째는 잠재적인 문제를 발견하거나 예방하는데 그 가치가 있다. 세번째는 스트레스가 극심하거나 심리적 고통이 뚜렷한 직원들에 대한 관리와 지원이 가능하게 한다.

이와 같은 직원들의 행복요소를 파악하고, 행복을 저해하는 요소들을 적극적으로 관리하기 위한 다양한 방법들이 있다. 그 중 가장 간편하면서도 좋은 방법은 '주기적인 마음건강검진'이다. 매년 직원들의 신체 건강을 관리하고 신체적 장애를 예방하기 위한 '신체건강검진'을 실시한다. 이처럼 심리적 상태에 대한 '마음건강검진'도 필요하다.

이와 같은 마음건강검진은 세 가지의 긍정적 기능이 있다. 그 첫번째는 현재 조직의 감성관리 수준이나 감정 상태를 정확히 파악할 수 있다는 것이다. 비록 다른 서베이 등을 통해서도 이를 추론할 수 있으나 구성원의 행복과 스트레스에 대한 직접적인 평가를 통한 감성관리수준 측정이 가장 정확하다.

두번째는 잠재적인 문제를 발견하거나 예방하는데 그 가치가 있다. 조직별 분석이나 팀별 분석을 하는 경우 한눈에 조직의 정서적 상태가 들어온다. 특히 눈에 띄는 부서가 있는 경우 그 부서의 역동에 주목할 필요가 있으며, 그 문제점을 찾아서 문제를 예방하거나 혹은 선-조치나 문제 발생 시 신속한 개입을 할 수 있는 준비가 가능하다. 만약 해당 팀의 문제가 '리더십' 상의 문제라면 리더에 대한 코칭을 하면 되는 것이며, 직원들 간의 팀웍에 문제가 있다고 하면 적절한 팀웍 프로그램을 신속히 적용하는 것이 필요하다.

세번째는 스트레스가 극심하거나 심리적 고통이 뚜렷한 직원들에 대한 관리와 지원이 가능할 수도 있다. 즉, 직원들의 문제가 터진 후에 이를 수습하기보다는 사전에 이를 인지하고 적극적으로 관리하는 것이 바람직하다. '직장 내 괴롭힘'의 발생 가능성을 탐지하거나 혹은 극심한 심리적 어려움 속에 있는 구성원을 조기 발견하여 적극적인 지원을 할 수도 있다. 단, 이는 개인정보보호라는 차원에서 무척 조심스럽게 이루어져야 하며, 이로 인한 문책이나 문제가 되지 않을까 하는 걱정을 하지 않도록 철저하게 구성원 보호와 지원이라는 차원에서 이루어져야 한다. 그리고 구성원들과 이 정도의 신뢰가 쌓이기 위해서는 수년 동안의 꾸준한 접근이 필요하다는 점 역시 기억해야만 한다.

이를 실제로 실천하는 단계들은 '감성 진단' – '분석' – '대안 수립 및 적용' 등이다. '감성진단' 방법은 다양하게 이루어질 수 있다. 신체건강검진 시 간편형 설문지를 포함하는 경우도 있으며, 아예 표준화된 종합적인 행복 진단도구(예를 들어 EAPI(Employee Assistance Program Inventory) 등)를 활용할 수 있다. 만약 대기업이나 업무 특수성이 높은 조직이라면 조직의 특성이나 요구를 세밀하게 반영한 맞춤형 도구를 개발하여 다년간 연속해서 사용하는 것도 좋은 방법이다. 어떤 방법이던 간에 꾸준히 실시하는 것이 중요하며, 이렇게 축적된 자료들은 더욱 유용한 정보들을 제공해 줄 수 있다.

분석 과정에서는 현 조직의 상태나 현황에 대하여 다양한 관점의 심층적 정보들을 수집할 수 있다. 앞서 예로 들었던 EAPI의 경우에는 측정 영역이 개인이슈(우울 및 불안 등), 가족 영역(결혼 및 부부관계 등), 업무 관련 영역(업무 적응 및 스트레스 수준 등) 등으로 구분된다. 이와 같은 영역별 비교를 통해 직원들의 행복을 증진하기 위한 집중적 관리 분야 선정 및 목표를 설정할 수 있을 것이다. 또한 부서별 비교분석 등을 통해서 잘 드러나지 않고 파악하기 어려웠던 미묘한 감정적 이슈들에 대한 평가도 가능하다.

이와 같이 수집된 정보들을 기반으로 하여 실제적이고 효과적인 대안 수립 및 적용이 필요하다. 어떤 대안을 모색하고 적용할 것인가는 분석 결과가 나와야 하지만, 대체로 적용할 수 있는 방법들을 정해져 있다. 그 첫번째는 직원들에 대한 애로 상담 및 심리상담을 위한 채널(예를 들어, 인사팀의 '고충처리상담실'이나 EAP 센터 등)을 구성하는 것이다.

특히 '직장 내 괴롭힘' 등의 문제가 발생하였을 때 단순히 숨기거나 혼자 고통받지 말고 이를 적극적으로 상의하고 도움을 요청

할 수 있는 시스템이나 프로그램을 개설하는 것이 필요하다. 그리고 이는 기존 시스템에 추가로 보다 심층적인 이슈를 다루거나 해결할 수 있는 좀 더 포괄적이고 전문화된 시스템을 갖추는 것이 좋다. 왜냐하면 심각한 정서적 고통이나 정신장애를 보이는 정도의 '직장 내 괴롭힘' 문제는 가해자 관리나 피해자 보호, 그리고 조직적 차원에 접근과 솔루션 등 일반적 개인상담보다 더 높은 수준의 전문성이 요구되는 경우가 많기 때문이다.

예를 들자면, 피해자가 발생한 경우 우선적으로 피해자에 대한 전문적 심리검사(예를 들어 정신감정에도 사용되는 MMPI(다면적 인성검사) 등)를 실시하거나 혹은 정신감정관련 전문가(공인된 심리전문가나 정신건강의학과 전문의 등)와의 연계를 구축해 놓는 것이 좋다. 이를 통해 좀 더 객관적이고 전문적인 피해자 상태 파악 및 관리와 지원이 가능하다.

또한 가해자의 경우에도 적극적으로 관리가 필요하다. 일반적으로 '집단 내 괴롭힘'이나 '성희롱' 문제들이 발생할 경우, 가해자가 문제의 심각성이나 자신의 문제나 잘못을 제대로 인지하지 못하는 경우가 많다. 그런 경우에는 진정한 사과가 이루어지지 않기 때문에 당사자 간 화해나 타협이 어려울 수 있으며, 결국에는 끝(가해자 퇴사나 혹은 형사 상 고발과 같은 법적 조치 등)을 보게 되는 경우가 발생하게 된다. 이는 가해자나 피해자 모두에게 부정적인 결과일 수 있으며, 조직 전체의 차원에서도 바람직한 해결은 아니다.

    이와 같은 시스템을 구성 및 운영하는데 있어서 고려해야 할 가장 핵심적 요소는 바로 '신뢰'이다. 즉 시스템이나 프로그램만 개설한다고 해서 저절로 해결이 되는 것이 아니다. 특히 직원들의 경우에는 '프라이버시 보호'나 '향후 발생할 수도 있는 불이익' 등에 매우 민감하다. 이 때문에 회사 내 시스템을 이용하지 않는 경우가 많으며, 결과적으로 회사 내 문제를 회사 밖(언론이나 사법기관 등)으로 가지고 나가기도 한다. 그래서 문제가 더 커지는 경우가 자주 발생한다.

    따라서 '외부기관 위탁'이나 한적하고 프라이버시가 보호될 수 있는 '상담센터 위치'등과 같은 환경적 요소나 외적 요소를 관리하여 직원들이 편안하게 안심하면서 상담센터를 이용할 수 있도록 하는게 필요하다. 또한 지속적인 홍보와 긍정적 측면의 활성화 프로그램(즉 문제중심적 상담이 아닌 긍정적 측면의 내용을 포함하는 프로그램(대인관계 개선, 건강관리와 행복, 스트레스 해결, 행복한 가족 등)을 각인 시킬 수 있는 워크샵이나 이벤트 등)등을 적극 활성화할 필요가 있다.

    이에 더하여 단기간에 신뢰를 얻을 수 있을 것이라는 비합리적인 기대는 버리고, 장기전이라는 생각으로 지속적인 노력과 실천을 할 필요가 있다. 본 저자가 정부종합청사에 '공무원상담지원센터' 개설 시, 센터가 안정화될 때까지 꼬박 1년 이상을 다양한 프로그램을 제공하고 노력을 기울였다. 그랬음에도 불구하고 되돌이켜보면 안정적인 정착에 2년 가까이는 걸린 것 같다. 또한 현재 운영하고 있는 모-게임회사 상담 센터도 최소한 1년 이상의 지속적인 투자와 노력이 들어간 후 어느 정도 안정화되었다. 그래서 이제는 직원들 간의 입소문을 통해 '알아서 자발적으로 찾아오는' 센터가 되었다. 길게 보고 장기적인 관점으로 접근하지 않으면 지치고 실패하게 되어 있다.

저성과자와
비성과자 이슈

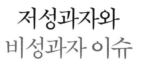

리더의 덕목 중 하나가 '동기부여'이며, '비전 제시'와 '구성원 변화 주도' 등의 역량이 필요하다. 그와 같은 리더나 조직의 헌신적인 노력에도 불구하고 변화하지 않는 사람은 어떻게 할 것인가? 적당히 일을 한만큼 보상도 적당히 해주고, 승진이나 대우 상에서 차별을 주는 것 이외에는 방법이 없다. 더 좋은 방법을 굳이 찾자면 이와 같은 성향이 너무 뚜렷한 사람은 선발을 하지 않는 것이 정답이다.

'직장 내 괴롭힘' 금지법과 관련하여 조직 내에서 나오는 불평과 걱정 중에는 '저성과자 관리를 어떻게 하느냐?' 하는 것이 있다. 즉 저성과를 보이는 직원들을 적절히 관리할 수 있는지와 관련된 의문을 제기하는 것이다.

그런데 이 질문에는 아주 잘못된 전제가 숨어있다. 왜 저성과자 관리라는 개념에 "괴롭힘" 문제를 언급하는가? 즉 직원들의 역량을 향상시키고 능력을 개발하는 활동에 왜 "괴롭힘"을 사용해야 하는가? 이런 기본적 전제 자체가 비근대적인 발상이라고 생각할 필요가 있다.

처벌이나 통제 중심의 접근은 단기적인 효과를 가져올 뿐 장기적인 발전이나 진정한 개선을 이루지 못한다. 그리고 이와 같은 부정적인 방법을 통한 접근은 조직 전체에 끼치는 악영향(통제와 처벌 중심의 조직문화나 교류 등)이 더 클 수 있다는 점을 고려해야 한다.

저성과는 낙인이 아니며, 다양한 이유로 저성과를 보일 수 있다. 게다가 환경이 개선되거나 혹은 구성원의 심리-내적 상태가 개선되는 경우에는 충분히 회복 가능한 것이 바로 성과와 업적이다. 보통 저성과의 원인을 3가지 정도로 분류하는데, '역량 미보유' 및 '역량 미발현'이 가장 흔한 저성과의 원인이다. 즉 '업무에 필요한 적절한 역량'을 보유하지 못했거나, 역량을 보유하고 있으나 어떤 이유로든 이를 충분히 발휘하지 못하는 경우 저성과를 보이게 된다.

이에 대한 처방은 명백하지 않은가? '역량 미보유'의 경우에는 역량에 대한 집중적 교육과 훈련을 제공하는 것이 선행되어야 하며, '역량 미발현'의 경우에는 역량을 발휘하지 않는 내적 요소나 장애를 찾아서 코칭하거나 이를 해결해줄 상담을 지원해주는 것이 정답인 것이다. 그 와중에 "괴롭힘"이 들어갈 부분이 있는가?

일반적으로 구성원들의 성과 향상을 위한 다양하고 긍정적인 접근을 기반으로 한 성과향상프로그램(PIP, Performance Improvement Program)이 충분히 많이 있다. 저자의 경우에도 2000년대 후반에 공기업 대상으로 성과가 부진한 구성원을 대상으로 한 성과향상 프로그램을 다수 운영하였던 경험이 있다. 그러나 그 교육을 진행하면서 '괴롭힘'에 해당하는 접근은 전혀 사용하지 않았으며, 그런 접근을 사용하는 순간 교육생들의 반발과 저항으로 인해 더 큰 문제가 발생할 수 밖에 없었을 것이다. 즉 감정존중활동으로도 충분히 긍정적인 역량향상을 만들어 냈으며, 오히려 그와 같은 긍정적 접근이 도움이 되었다는 확신을 가지고 있다.

물론 앞서 논의한 예시는 집중적인 교육과정이었기 때문에 특별한 문제나 갈등이 없었을 것이다. 하지만 당장 업무를 진행하고 목표를 달성해야 하는 현장에서라면 좀 다를 수 있다. 그와 관련하여 유사한 맥락의 이슈 중 하나가 바로 '비-성과중심적 성향'이다.

즉 목표 수준 자체가 높지 않으며, 성취욕구가 낮은 편이어서 저성과는 아니지만 낮은 성과나 보통 성과에 만족하는 사람의 경우를 지칭한다. 이런 경우에는 보통 '더 잘할 수 있다고 생각이 드는데, 더 이상 노력을 하지 않는다!'라는 평가를 받거나 '열정과 몰입'이 부족하다고 평가 받기도 한다. 그런데 오래 전부터 워라밸이 강조되고 있으며, 52시간 근무제가 시작되고 있는 상황에서 이것이 무슨 문제인가?!

그런데 일부의 경우에는 문제가 있는 경우도 있다. 소위 '대충' 혹은 '적당히' 회사를 다니고자 하는 경향이다. 그리고 그 정도가 심한 경우에는 전체적인 팀웍이나 팀 전체의 성과를 저해하며, 내부적인 갈등이나 문제의 원인이 될 수도 있다. 그럼 이런 경우는 어떻게 해야 하는가?

회사가 성과라는 목표를 가진 목적 집단이라는 전제를 한다면, 회사에서 요구하는 인재는 '스스로 높은 목표를 설정하고, 이를 달성하기 위하여 내적 동기에 기반한 열정을 가지고 적극적으로 행동하는 인재'가 필요하다. 그런데 이런 성향이나 특성을 가지고 있지 않은 경우에는 회사 생활 속에서 성과보다는 지나치게 만족이나 안정을 찾으려 해서 문제가 되거나 혹은 열정적으로 목표를 성취하고자 하는 다른 사람들의 동기를 저하시키는 경우들도 있다. 이는 문제라고 볼 수도 있다.

왜냐하면 이와 같은 비-열정적 몰입이나 낮은 수준의 목표에도 쉽게 만족하는 성향을 보이는 경우에는 필연적으로 내부적 갈등을 초래하기 때문이다. 설정한 목표에 대해 성취와 달성을 위해 노력하는 과정에서 걸림돌이 되거나 혹은 열심히 많은 일을 하는 사람들의 의욕을 떨어뜨리는 부정적 영향을 끼칠 수 있기 때문이다. 그럼 이와 같은 경우는 어떻게 해결을 할 것인가?

솔직히 방법이 없다. 그것은 개인의 가치이고 삶의 방식인데, 그것을 어떻게 하겠는가? 그래서 리더의 덕목 중 하나가 '솔선수범'이고, '동기부여'이며, '비젼 제시'와 '구성원 변화 주도' 등의 역량이 필요한 것이다. 그와 같은 리더나 조직의 헌신적인 노력에도 불구하고 변화하지 않는 사람은 어떻게 할 것인가? 이제는 진짜 방법이 없다. 적당히 일을 한만큼 보상도 적당히 해주고, 승진이나 대우 상에서 차별을 주는 것 이외에는 방법이 없다. 더 좋은 방법을 굳이 찾자면 이와 같은 성향이 너무 뚜렷한 사람은 선발을 하지 않는 것이 정답이다.

선발부터 관리하라

선발 과정에서 '심리적 상태와 안정성'에 대한 평가를 포함할 필요가 있다. 아무리 우수한 능력을 보유한 축구 선수라고 해도, 현재 부상 중이거나 신체적 상태가 심각하게 좋지 않은 상태라고 하면 대표선수로 선발할 수 없다. 심리적으로도 마찬가지이다. 명백하게 심리적인 어려움이 있거나 혹은 이전 회사에서의 정신적 고통이나 손상이 해결되지 않은 상태라면, 이는 심리적으로는 부상 상태라는 것을 의미한다. 즉, 현재 업무에 대한 충분한 집중력과 효율성을 발휘하기 어려우며 새로운 상황에 적응할 에너지가 부족한 상태라는 것을 반영한다.

기본적으로 선발 과정에서 중시해야 하는 것은 "조직의 비전과 방향, 그리고 목적" 등에 부합하는 사람이다. 그리고 이에 동의하지 않는 사람은 조직에 안 들어오면 되는 것이고, 자신의 기준이나 가치, 그리고 업무 스타일에 맞는 회사를 찾아가면 되는 것이다.

따라서 철저하게 조직이 필요로 하는 인재 정의를 정교화하고, 그에 대한 철저한 검증을 선발 과정에 적용함으로써 향후 문제의 소지를 없애는 것이 제일 안전하다. 이와 관련된 요구 역량들은 '뚜렷한 목표의식'과 '성취요구', 그리고 '성과중심적 행동'과 '열정' 및 '몰입' 등이다.

즉 NCS(Natianl Competency Standards, 국가직무능력표준)라는 직무능력에 대한 좋은 지침과 가이드가 있기는 하나 이보다 더 기본적인 전제가 되는 역량들에 대해서는 선행적인 검토가 이루어져야 한다. 업무 중심적인 직무역량 뿐 아니라 조직이라는 속성을 고려한 공통역량 혹은 기본적 역량이 필요한 것이다.

이와 같은 기초역량 중 반드시 고려해야 하는 부분이 '팀웍'과 '커뮤니케이션' 및 '관계형성 및 관리능력' 등의 제반 대인관계 능력이다. 조직은 기본적으로 팀을 이루어 작업을 한다는 전제가 있다. 물론 업무 특성에 따라서 팀웍이나 관계형성이 덜 필요한 회사나 직무도 있으나 기본적으로는 관계 속에서 업무가 이루어지는 것은 맞다. 그래서 선발 시 해당영역에 대한 평가가 강화될 필요가 있다.

특히 '직장 내 괴롭힘'으로 인한 피해자들을 논의할 때 '원래부터 그랬어요!'라는 이야기를 하는 경우가 있다. 그런데 "원래부터의 취약성"이라는 것은 일단 문제가 터진 다음에는 증명하거나 판단하기 어렵다. '원래부터 이상했다' 혹은 '원래부터 문제가 있었다'라는 것을 어떻게 증명할 수 있는가?

만약 입사 시 심리검사 결과 상 문제 소지가 분명히 있었던 경우(예를 들어, '입사 시 MMPI(다면적 인성검사)를 시행했는데 그 결과 명백하게 극심한 심리적 고통을 이미 겪고 있는 상태였으며, 전형적인 우울증 프로파일을 보였음' 등)의 경우에도 그것이 현재 문제의 원인으로 직접적으로 연결시키기 어렵다. 왜냐하면 그 이후 '업무를 수행'했고, '그 과정에서 스트레스'를 받았기 때문이다.

현재 보이는 문제 중 어느 정도가 원래부터의 문제이며, 어느 정도가 가중되었는지의 비율을 정확하게 판단할 방법이 없다. 아주 치열한 논쟁을 한다면 증명할 수도 있을지 모른다. 그러나 보통의 법 정서는 피해자 편이기 때문에 증명이 된다고 하더라도 그 결과가 수용되기는 더욱 어렵다. 게다가 문제를 인정하고 반성하는 대신에 그런 식의 방어를 하면서 피해자에 귀인을 하고자 하는 활동 자체가 2차 가해로 보일 가능성이 높다.

이와 관련하여 고려할 몇가지 시사점이 있다. 우선은 **선발 시 심리적 상태에 대한 평가를 반드시 포함시키라는 것이다.** 아무리 우수한 능력을 보유한 축구 선수라고 해도, 현재 부상 중이거나 신체적 상태가 심각하게 좋지 않은 상태라고 하면 대표선수로 선발할 수 없는 것이다. 해당 부상이 완치되고 난 후에야 대표팀에 합류할 수 있는 것이다.

만약 입사 시 선발평가에서 뚜렷한 우울증상이 나타난다면 이는 선발하지 않는 것이 정답이다. 왜냐하면 심리적으로 부상 상태이기 때문이다. 이로 인해 업무에 대한 충분한 집중력과 효율성을 발휘하기 어려우며, 새로운 상황에 적응하고 직무에서의 성과를 만들어 내기 위한 심리적 에너지가 부족할 가능성이 높기 때문이다. 부상이 완치되고 난 후 입사하는 것이 맞다.

특히 경력자의 경우 중 이전 직장에서 대인관계나 업무 상으로 극심한 스트레스를 겪어 이직을 하는 경우가 많다. 이로 인해 내적으로 상당한 심리적 스트레스를 경험하였으며, 이로 인하여 심각한 심리적 에너지 소진 및 '우울증'이나 '대인관계에 대해서 (부정적으로) 지나치게 예민해지는 경향' 등과 같은 심리적 이슈를 가지게 된 경우도 흔히 있다.

또 한가지 고려해야 할 점은 대인관계와 의사소통이다. 보통 수준 이상의 대인관계 능력이나 의사소통 스킬, 그리고 팀웍을 중시하는 태도와 실제적 스킬을 보유하지 않고 있다면 선발 시 이를 진지하게 고려하는 것이 맞다. 이들의 인성이 문제가 있다고 얘기하는 것이 아니다. 단지 공동작업이 많고 그 안에서 강렬한 소통과 교류, 그리고 때로는 갈등이나 대립이 발생하는 '조직'이라는 상황과 맞지 않을 뿐이다. 만약 그런 성향을 보이는 사람이라면 본인이 사업을 하거나 혹은 친밀한 사람들과 함께 일하는 Start-Up 등에서 훨씬 더 높은 수준의 성과를 보일 가능성이 높다.

이처럼 다양한 사람들이 함께 일한다는 특성을 가진 직장과 일반적 상황을 가정했을 때의 업무 부담을 충분히 감당할 수 있을 만한 심리적 건강상태가 선발과정에 꼭 검토되어야 한다. 선발에서 이를 충분히 걸러내지 못하면 추후 문제가 발생할 가능성이 높다. 그런데 실제적인 정신적 고통의 원인은 이전 직장에 있는데, 현재 직장에서 문제가 터지거나 소위 발병(우울증이나 불안장애 등)을 하게 되면, 그에 대한 책임과 비난은 현재 회사가 감당할 수밖에 없다. 그래서 좀 더 정교하고 체계적으로 선발 체계를 보완/강화함으로써 잠정적 문제를 예방하는 것이 요구된다.

리더들의
EQ(감정지능)를 높여라

어찌되었건 리더들의 정신적 및 감정적 상태가 좋아지고 개선된다면, 이들로부터 발생하던 '직장 내 괴롭힘'은 조금이라도 줄어들 것이다. 이보다 더욱 중요한 것은 이들의 개선된 감정 상태를 기반으로 보다 효율적이고 행복한 팀으로 이끌어 갈수 있다는 점이다. 즉, 행복한 리더가 구성원을 행복하게 만들 수 있다. 그래서 리더를 관리하고 육성하고 지지하는 것이 가장 효과적인 조직개발 방법인 것이다.

그런데 이 모든 일련의 과정을 수행하는 사람이 누구인가? 바로 리더이다. 또한 조직 내에서 감정 비-존중이 가장 많이 발생하는 관계는 어떤 관계인가? 바로 리더와 부하직원과의 관계이다. 그래서 리더들에 대한 전반적인 마인드 세팅을 새롭게 조정할 필요가 있다.

기본적으로 부하직원에게 있어서 리더는 불편할 수 밖에 없는 위치에 있다. 왜냐하면 나의 행동과 성과를 관리하고 통제하는 위치이며, 연말이 되면 나에게 고과를 부여하는 사람이기 때문이다. 그래서 부하직원들은 리더의 행동이나 발언에 대하여 리더의 의도나 리더가 생각하는 것보다 훨씬 더 불편하게 생각하고 위협적으로 지각하는 것이다. 이로 인해 직장인 스트레스 원인을 질문하였을 때 그 1위 자리는 항상 '상사'이며, 가장 힘든 일이 '상사와의 갈등'인 것이다.

동시에 부하직원들을 가장 행복하게 해줄 수 있는 존재도 바로 리더이다. 왜냐하면 그들이 가장 원하고 바라는 업무 상의 인정과 칭찬, 그리고 이를 통한 자기-존중감 향상이나 일에 대한 보람과 자부심 등 고차원적인 심리적 만족을 가장 잘 제공해줄 수 있는 것 역시 리더이다.

다른 측면으로 보면 리더들도 같은 피해자다. 그들은 더욱 더 심한 '직장 내 괴롭힘' 속에서 견디어 왔으며, '감정-존중'이라는 표현 자체가 없었던 '감정-비존중' 속에서 직장생활을 해 왔다. 이는 역으로 생각해보면 그들도 '직장 내 괴롭힘'으로 인한 심리적 고통과 축적된 상처를 가지고 있을 것이라는 것이며, 그와 관련된 아픔에 대해서도 충분히 이해하고 공감할 수 있을 것이라는 점이다.

  이와 같은 점들을 종합적으로 고려할 때, 리더들의 마인드 세팅이 필요하며, 그와 관련된 구체적이고 실행적인 교육이나 훈련이 보완될 필요가 있다.

  그 첫번째 포인트는, 리더들 자신의 '감정인지감수성'을 개발하고 향상시키는 것이다. 리더들의 감정에 대한 민감성 자체를 증진해야 한다. 그렇지 않다면 이후의 모든 작업이나 활동들이 모두 무의미해질 수 있다. 아니 못 알아들을 것이다. 그래서 우선은 리더들의 '감정에 대한 감수성'을 늘려주는 것이 필요하다. 그래서 자신이나 타인의 감정 상태를 파악하거나 관심을 가지도록 하는 것이 가장 먼저 필요하다.

  두번째 포인트는 '감성 리더십 향상'이다. 단순히 감정에 대한 인지도나 감수성 자체를 높이는데 그치는 것은 아무 의미가 없다. 이를 실제적인 리더십 활동에 적용하는 노력과 실행이 필요하다.

이를 위해서는 감성 리더십이 무엇인지에 대한 기본적인 개념과 더불어 감정관리의 필요성에 대한 인식과 수용이 포함되어야 할 것이다. 하지만 이는 개념적 수준의 접근인 '지식 리더십'을 향상 시킨다. 실제로 더욱 필요한 것은 구성원들과의 대화나 교류에 적용할 수 있는 실제적인 스킬과 노하우를 학습하고, 이를 내 안에 체득하고 습관화하여 진정한 내것으로 만드는 '실행 리더십'의 향상이다.

'직장 내 괴롭힘' 금지법에 관련된 리더들 관리방안에서 가장 중요한 요인인 세번째는 '리더들을 행복하게 만드는 것'이다. 일단 리더들은 일이 많다. 게다가 구성원 관리에 대한 책임까지도 얹어져 있다. 게다가 업무의 중요성이나 부담감을 고려한다면, 그들의 심리적 압박감이나 스트레스가 매우 심할 수 밖에 없다. 이는 곧 리더들의 심리적 상태가 '-'일 가능성이 높다는 것을 의미한다. 상당한 강도의, 그리고 오랫동안 지속되어 온 심리적인 '-' 상태에서는 부정적인 행동이나 감정이 표출될 가능성이 높을 수밖에 없다.

이에 더하여 '직장 내 괴롭힘'의 주요 가해자로 취급받으면서, 직원들을 행복하게 만들라는 쪼임과 부담까지 얹어지면 그들의 심리적 상태는 어떻게 되겠는가? 더욱 더 깊고 심각한 '-'상태가 될 수 밖에 없다. 그들을 '+'의 심리적 상태로 만드는 것은 쉽지 않다 하더라도, 가능한 한 '−'의 심리적 상태라도 감소시키도록 해주어야 하지 않을까? 어찌되었건 리더들의 정신적 및 감정적 상태가 좋아지고 개선된다면, 이들로부터 발생하던 '직장 내 괴롭힘'은 조금이라도 줄어들 것이며, 개선된 감정으로 팀을 보다 효율적이고 갈등이나 문제없이 리드하는데 도움이 될 것이다. 그래서 리더를 관리하고 육성하고 지지하는 것이 가장 효과적인 조직개발 방법인 것이다.

감정·존중 & 상호·존중

당신은 오늘 직장에서 최고의 하루를 보냈습니다.

집에 돌아와서 돌이켜보니

'세상에서 가장 좋은 직업'을 얻었다는 생각까지 듭니다.

당신은 이날 무슨 일을 했을까요?

- 페이스북 면접 질문 중 -

회사 내 상담센터를 하다 보면, 리더와 부하가 혹은 업무 상 관련
이 있는 두세사람이 따로 상담을 받으러 오는 경우가 있다. 그 때
보면 그들은 그들 나름대로의 입장과 관점을 가지고 있으며, 이로

인해 각각 다른 이유와 명분으로 스트레스나 화를 경험하거나 상대방에 대한 불만을 가지고 있다.

예를 들어 리더는 리더대로 부하직원에 대한 불만을 가지고 있고 화난 상태이며, 나름대로는 합당한 이유와 근거를 가지고 부하직원을 비판한다. 그런데 부하직원의 얘기를 들어보면 리더가 생각하거나 말하는 것과는 완전히 다른 생각이나 판단을 하고 있는 경우가 많다. 즉 리더는 한 가지 잘못에 대해서 확대 해석하고 의미 부여하여 부하를 비판하지만(즉, 개인적인 관계를 포함하여 특성과 연계시켜서), 부하는 잘못을 하기는 했지만 '리더가 말하는 방식'이나 '나에 대한 부당한 태도나 발언'에 대한 불만을 얘기한다. 이 모습을 보면 서로 생각하는 바나 관점이 이렇게 다를수도 있구나 싶은 생각이 든다.

이처럼 업무적 차원에서 지시나 관리를 해야 하는 리더와 지시를 받아서 따르거나 조언을 받아들여야 하는 부하직원의 입장은 상당히 다를 수 밖에 없다. 이로 인해 서로 갈등이나 문제가 생길 가능성이 높다. 또한 갑을관계나 아니면 동등한 입장에서 업무를 수행하는 사람들 간에서도 이와 유사한 패턴은 발생하게 되어 있다. 그래서 갈등관리나 효과적인 소통 능력이 필요하며, 특히 리더의 경우에는 리더십 커뮤니케이션 및 보다 높은 수준의 갈등관리 스킬이 필요하다. 이에 더하여 내적인 감정에 대한 통제와 관리 및 보다 좋은 방향으로 현명하게 화를 내는 방법을 터득하는 것도 중요하다.

이와 같은 명제에 대해서 어떤 사람도 이견을 달지는 않을 것이다. 그러나 우리가 직장에서 일을 하다 보면 이를 벗어나는 실수들을 쉽게 범한다. 그것이 바로 '감정적으로 화내기', 화가 나서 얘기하다 보면 '(업무와 직접적인 관련이 없는) 개인적 영역에 대해서 비난하기', 그리고 '특성과 연관 지어 포괄적으로 비난하기' 등이다. 이는 구체적인 행동의 개선을 통해 문제를 해결하기 보다는 부정적 감정 반응을 불러일으켜 더 큰 대립과 갈등을 초래하는 빠른 방법이다.

이 글을 통해 모든 직장인들이 스스로를 돌아보고 나와 우리를 위해 현명하고 행복한 삶을 살게되길 바란다. 혹시라도 친하다는 이유로, 좋은 마음이라는 이유로, 혹은 너무 화가 나서, 위에서 언급한 내용들과 유사한 실수를 하지는 않았을까 반성해보는 기회를 가지기 바란다. 문제가 있었다는 것을 지적하고자 하는 것이 아니라, 앞으로 그렇게 행동하지 않기를 바라는 마음에서 하는 작은 조언이다.

'직장 내 괴롭힘' 금지법을 만드는 이유는 업무 스트레스에 시달리면서도 자신의 맡은 바 임무를 수행하고 고생하는 직장인들을 괴롭히거나 처벌하고자 하는데 일차적인 목적이 있는 것이 아니다. 우리 모두가 바라는 "Great Workplace"를 만들어 가기 위함이다. 그리고 이것이 완성되기 위해서는 서로를 존중하고 배려하는 조직문화가 반드시 이루어져야 한다.

이글의 제목이 감정 존중이지만, 개인적으로는 영어 제목이 더 마음에 든다. 그리고 이 글을 쓰는 의도와 '직장 내 괴롭힘' 금지법의 취지도 같은 것이라고 생각한다. 바로 "Respect&Protect Your Mind and Value", 즉 "당신의 마음과 가치를 존중하고 보호하라"는 것이다. 왜냐하면, "당신은 소중하니까!". 소중한 당신의 마음과 당신의 가치는 당연히 존중받고 보호되어야 한다.

그런데 당신 스스로 당신의 마음과 가치를 존중하고 보호하는 것만으로는 부족하다. 함께 일하는 동료나 당신의 리더 혹은 부하직원 모두가 당신을 존중하고 보호해주어야 한다. 그리고 누군가의 마음과 가치를 존중하고 보호하는 것은 일방적일 수 없다. 서로가 서로를 존중하고 보호해주고자 하는 마음가짐이 필요하다. 즉, 상호 존중이 필수적이다.

만약 부하직원들이 이 글을 읽는다면, 혹시라도 본인이 당한 일들이 위에 언급한 내용에 해당하는지를 점검해 보는 것도 필요하다. 왜냐하면 리더나 동료로부터 이와 같은 대우를 받았다면 심각한 마음의 상처가 생겼을 것이기 때문이다. 업무 상 잘못하거나 실수한 것은 맞으나, 필요 이상으로 우울하거나 자존감에 심각한 손상을 입었을 가능성이 높다. 아니면 부정적 감정으로 인하여 일에 대한 열정이나 동기 자체가 손상되었을 가능성이 높다.

이는 치유의 대상임에 틀림이 없다. 빨리 상담센터를 찾아서 마음을 치유하고, 부당한 대우로 인하여 자신이 다치지 않도록 하는 방법을 배워라. 이를 통해 소중한 "나"를 아끼고 보호해야만 한다.

동시에 혹시라도 내가 다른 사람에게 위에 언급한 내용에 해당하는 실수를 했는지에 대해서 확인해보는 것도 필요하다. 왜냐하면 나도 모르게 내가 다른 사람의 마음에 심각한 상처를 주었을 수도 있기 때문이다. 혹은 상대방에게 정신적 고통을 주었거나 자존감에 심각한 손상을 주었을지도 모르는 일이다. 이 또한 치유의 대상임에 틀림없다. 그리고 나로 인한 상대방 상처를 치유하는 첫걸음은 진정한 반성과 사과이다. 이를 실행함으로써 상대방의 마음과 가치를 존중하라. 그러면 상처받은 상대방의 마음은 비로소 치유를 시작할 수 있을 것이다.

'변화'란 항상 불편함을 동반한다. 왜냐하면 익숙한 것을 버려야 하고 새로운 역할에 적응해야 하기 때문이다. 지금까지 편하게 해왔던 습관이나 행동들이 잘못된 것이라는 점을 인정하기도 쉽지 않으며, 새로운 역할에 대해 학습하는 것은 항상 부담스럽다. 그리고 학습한 것을 습관화하려면 상당한 기간이 소요될 뿐 아니라 과정상 수많은 시행착오가 발생할 수밖에 없다.

우리는 지금 그런 혼란과 두려움 속에 서 있는 것이 맞다. 그렇다고 해서 이를 피할 수는 없는 문제 아닌가?

이글을 쓰는 이유는 리더와 구성원, 혹은 함께 일하는 구성원들 간의 싸움이나 대립을 부추기고자 하는 것이 아니다. 리더는 리더의 입장에서 나도 모르게 했을지도 모르는 나의 행동을 되돌아보고 더욱 조심하는 계기가 되기를 바라는 것이다. 구성원의 경우에도 리더나 다른 동료를 비난하거나 법적 문제제기를 하라는 것이 아니다. 스스로를 적절히 보호하기 위해 건강한 문제제기와 대화를 통해서 해결할 수 있는 부분을 위해 노력하는 것이 필요하다는 것이다. 그래서 리더와 구성원들 모두가 좀 더 소통하고 교류하며, 이를 통해서 보다 건강하고 효율적인 한 팀이 되기를 바라는 것이다.

부모로부터 존중 받고 자란 아이들은 사람을 존중하는 습관을 가지게 된다. 그리고 상사나 동료로부터 존중받은 구성원은 같이 일하는 사람들을 존중하는 습관을 가지게 된다. 나의 마음과 가치를 보호받고 싶다면 타인의 마음과 가치를 먼저 존중하라. 그럼 타인들도 당신의 마음과 가치를 존중해 줄 것이다. 또한 스스로의 마음과 가치를 소중하게 관리 하는 마음을 가져라. 그래야 내가 좀 더 긍정적인 감정과 상태로 남을 배려하고 지원해 줄 수 있다.

이것이 바로 감정 존중이자 상호 존중의 시작이다. 이를 통해 서로가 서로를 존중하고 신뢰하는 Great Workplace를 만들어 갈 수 있다.